# IDIOMAS LAROUSSE

# INGLÉS
## *Guía de conversación*

Pierre Morel     Jean-Pierre Gruère

Leticia Leduc     Glenn Gardner

# LAROUSSE

Av. Diagonal 407 Bis-10    Dinamarca 81    21 Rue du Montparnasse    Valentín Gómez 3530
08008 Barcelona    México 06600, D. F.    75298 París Cedex 06    1191 Buenos Aires

Esta obra se terminó de imprimir y encuadernar en enero
de 2001 en Programas Educativos, S.A. de C.V.
Calz. Chabacano No. 65 México 06850, D.F.

La edición consta de 3 000 ejemplares

EMPRESA CERTIFICADA POR EL
INSTITUTO MEXICANO DE NORMALIZACION
Y CERTIFICACION A. C. BAJO LAS NORMAS
ISO-9002:1994/NMX-CC-S04:1995
CON EL NÚM. DE REGISTRO RSC-048
e ISO 14001: 1996
NMX-SAA-001:1998 IMNC/
CON EL NUMERO DE REGISTRO RSAA–003

**Guía de conversación**

© Presses Pocket

"D. R." © MCMXCIII, por Ediciones Larousse, S. A. de C. V.
                    Dinamarca núm. 81, México 06600, D. F.

PRIMERA EDICIÓN — 12ª reimpresión

ISBN 2-266-03209-7 (Presses Pocket)
ISBN 970-22-0045-8 (Ediciones Larousse)

Impreso en México — Printed in Mexico

# Viajar a Estados Unidos

Algunos datos geográficos:

La mayor parte del territorio de *Estados Unidos* (**the United States of America**) se ubica en el centro de América del Norte, entre México, al sur, Canadá, al norte, el océano Atlántico, al este, y el Pacífico, al oeste. Dos estados, Alaska y Hawaii, están fuera del *bloque continental de Estados Unidos* (**continental United States**).

El bloque continental de Estados Unidos, con más de 2,500 km de norte a sur y 4,500 km de este a oeste, cubre una superficie de 9,364,000 km$^2$, por lo que este país ocupa el 4o. sitio entre los más grandes del mundo. Así que no es de extrañar que ahí se encuentre una variedad incomparable de paisajes, relieves y características geográficas: al oeste, los macizos montañosos de las *Rocosas* (**Rocky Mountains**) y de la Sierra Nevada; al este, los *Apalaches* (**Appalachians**); al norte, lagos tan grandes como mares; al centro, planicies donde se siembran enormes extensiones de cereales —en especial *maíz* (**corn**), la planta americana por excelencia—; también cuenta con algunos de los ríos más grandes del mundo (como el sistema Mississippi-Missouri, cuyos numerosos afluentes atraviesan el país de costa a costa), desiertos inmensos, bosques gigantescos, en fin, el espacio estadounidense se caracteriza por su vastedad.

El clima mismo incluye una gama muy amplia, del oceánico templado al desértico, pasando por el subtropical, de tornados y ciclones devastadores, y el continental, sumamente extremoso: en el norte de las planicies centrales la diferencia entre las temperaturas de invierno y de verano puede ser de 80°C (¡y aún mayor en Alaska!). No obstante, en promedio las diferencias de temperatura oscilan entre los 10 y los 36°. Asimismo, hay fauna silvestre por dondequiera: osos grizzly en las Rocosas, lagartos en los bayous de Louisiana, *víboras de cascabel* (**rattlesnake**), de las que hay que cuidarse en todo el oeste hasta llegar a Los Ángeles.

En resumen, Estados Unidos es un país gigantesco, más por la inmensidad de su naturaleza que por su tamaño o su población. Tal característica es también un elemento que explica en parte el carácter estadounidense, al igual que la diversidad de la población, la brevedad relativa de la historia del país y el sentimiento de que todos pertenecen a una comunidad.

# CONTENIDO

# CONTENTS

# ATRACCIONES TURÍSTICAS

Si desea descubrir la belleza natural de los grandes espacios abiertos, visite el *oeste* (**West**), que cuenta con *paisajes* (**landscape**) espléndidos (el **Grand Canyon**, los espectaculares peñones de Utah, las inmensas planicies e importantes montañas de Wyoming, etc.) y un gran número de parques naturales. En las **coffee shops** del oeste, aún pueden encontrarse **cowboys** y *camioneros* (**truckers**), sentados ante un abundante desayuno. En el noroeste y el suroeste, todavía hay comunidades indias (muchas de ellas desplazadas a la fuerza por el Estado).

Si lo que se busca es el Estados Unidos "profundo" (**Middle America**), los *pueblos* (**town**) y la cultura local (que a menudo conserva un estilo muy de los "años cincuenta"), viaje por el *norte del estado de Nueva York* (**upperstate New York**) o, mejor aún, por Kansas y Ohio.

Si lo atraen los *rascacielos* (**skyscraper**), la vida multicultural, la tensión excitante y casi eléctrica de las grandes ciudades, vaya a Nueva York, Los Ángeles y Chicago. Pero si le interesa el Estados Unidos de los colonos, el lado histórico y pintoresco de la *Nueva Inglaterra* (**New England**), no deje de visitar Boston, los poblados y campos verdes de Vermont, New Hampshire y Maine, al norte, y los pueblos pesqueros de la costa.

California, por su parte, representa para los estadounidenses un nuevo estilo de vida, de *descanso* ("**laid-back**") y de sol, si bien suele olvidarse que se trata de un estado muy grande (con alrededor de mil cuatrocientos kilómetros de norte a sur) y diverso: la costa es más sofisticada y citadina que el gran valle interior, muy rural y conservador. Hay una diferencia aún mayor entre el norte y el sur de California, ya que se detestan cordialmente. El norte, con una historia y una geografía más importantes, considera que el sur carece de profundidad cultural y moral; este último estima que no son más que celos, pues en el sur están las playas y el clima con los que sueña el mundo entero.

Si va al norte de California, le encantará San Francisco, pequeña ciudad cosmopolita o gran ciudad provinciana, qué más da, una ciudad encantadora erigida sobre las colinas de lo que casi es una isla y rodeada de paisajes magníficos, donde también podrá disfrutar de paseos por las montañas y los bosques. En esta región la cultura todavía es muy *"pionera"* (**pioneer**). En el sur, visite Los Ángeles, cuyos habitantes se distinguen por su afición a la moda, el cuidado del aspecto físico, las playas y el **surf**. De cualquier forma, el auto y la carretera constituyen el denominador común. A todo lo largo de la costa, la gente acomodada vive bien (puede permitirse toda clase de lujos) en una atmósfera social de tipo informal que contrasta con la de la costa este. Esto se debe a que en este estado, habitado principalmente por "recién llegados", no se resienten los duros inviernos ni el peso histórico y social de otras regiones.

Hasta la fecha, *el sur* (the South) continúa siendo una región muy orgullosa de su identidad cultural; muchos de sus habitantes se sienten primero *sureños* (southern) y después estadounidenses. Su legendaria hospitalidad (con frecuencia se evoca the good old Southern Hospitality, *la buena y vieja hospitalidad del Sur*) y la defensa de su tranquilidad se refleja en las verandas sombreadas, los jardines floridos, las bebidas frescas servidas con una ramita de *menta* (mint), el bourbon, el jazz... en *Nueva Orleáns* (New Orleans), las influencias criollas (francoespañoles) y *cajuns* (francocanadienses, con algo de sangre negra e india) se combinan en una cultura muy local simbolizada por su cocina condimentada y su música, el jazz tradicional, de mayor vivacidad que la versión neoyorkina, más reciente. El *sur profundo* (Deep South) corresponde al Mississippi, Georgia y Carolina del Sur, donde subsisten algunas de las imponentes *plantaciones* (plantations) de antaño rodeadas de campos de algodón cultivados por esclavos. En Atlanta se confrontan de manera espectacular el periodo moderno del sur y las tradiciones antiguas, mientras que Savannah aún conserva el encanto del pasado (ambas ciudades pertenecen a Georgia).

En el sur nacieron varias formas musicales estadounidenses: además de jazz en Nueva Orleáns, puede escuchar música country en Texas y en Oklahoma (y también en otros estados, pues es la música rural estadounidense por excelencia), música bluegrass *(pasto azul)* en Tennessee y Kentucky, rhythm and blues (música negra para bailar), gospel (música negra religiosa) y rock'n'roll.

● "Viajar a Estados Unidos" es una *guía de conversación* que no requiere conocimientos lingüísticos previos por parte del lector.

Está dirigido a quienes viajan al extranjero (en particular turistas) y no desean sentirse en desventaja al enfrentarse a una lengua que no conocen bien o desconocen por completo, ni tampoco que se les tome desprevenidos en un ambiente ajeno.

● Esta guía consta de tres partes:

A - **Situaciones prácticas**: le permitirán satisfacer las necesidades fundamentales de la vida cotidiana: desplazarse, alojarse, alimentarse, hacer compras, etc.

  ● en la página de la izquierda se presentan los usos y costumbres del país y la forma de comportarse;

  ● en la página de la derecha se proponen modelos de frases, acompañados por su traducción.

→ para que identifique con facilidad las palabras clave, éstas aparecen subrayadas en ambas lenguas.

B - **Medio ambiente**: para comunicarse, relacionarse y conversar sobre temas generales.

C - **Comprensión**: en esta parte se presenta información geográfica, histórica y cultural a manera de una miniguía, que le permitirá disfrutar más de las atracciones del país que visita.

Asimismo le facilitará establecer contactos personales y le proporcionará bases más sólidas para sus apreciaciones.

# EL INGLÉS ESTADOUNIDENSE

● Lo siguiente se aplica tanto al idioma como a los hablantes: no hay sólo uno, sino varios estadounidenses. Los giros y acentos varían según la región: un habitante del noroeste no habla igual que uno del sur. A esto se añade la existencia de **dialectos regionales**, determinados por el origen de los inmigrantes (negros africanos, alemanes, etc.).

No obstante, la lengua escrita, tal como aparece en los diarios, pone de manifiesto la realidad de un **inglés estadounidense** más o menos **standard**. Y aunque éste difiere en cierta medida del inglés británico "estándar", en la actualidad sería artificial marcar un límite definido entre estas dos "lenguas" y considerar que hay una incomprensión mutua. Si bien la lengua popular no es la misma y puede haber ciertas dificultades de comprensión entre un obrero de Manchester (GB) y uno de Houston (Texas), esto es cada vez menos cierto en el caso de las generaciones jóvenes y sería absurdo suponer que entre estudiantes y ejecutivos británicos, por un lado, y estadounidenses, por el otro, puede haber grandes problemas de comunicación lingüística: la televisión, la radio, las agencias de prensa, la música y los viajes han contribuido en gran medida a desvanecer esta supuesta "incomprensión".

Por otra parte, en el inglés estadounidense puede observarse la tendencia de las lenguas transplantadas (como el francés en Canadá) a preservar arcaísmos y, al mismo tiempo, hacer audaces innovaciones.

Ejemplo: en Estados Unidos aún subsiste la forma antigua **gotten** (participio pasado de **to get**), al igual que **proven** (p.p. de **to prove**).

Sin embargo, el inglés estadounidense hablado, e incluso el escrito, da la impresión de ser más relajado, familiar e informal que su antepasado, el inglés británico. Por ser un país de inmigrantes, Estados Unidos se muestra tolerante con los extranjeros y su forma de expresarse, lo cual resulta muy agradable para el visitante.

---

### EL INGLÉS ESTADOUNIDENSE FAMILIAR

Hablado:
Yeah = Yes - *Sí*
I dunno = I don't know - *No sé*
I wanna = I want to - *Quiero*
Are you gonna...? = Are you going to...? - *¿Vas a...?*
He ain't / I ain't = He isn't/I'm not - *No es/No soy*

Escrito:

| | |
|---|---|
| Thru = through - *a través* | Xing = crossing - *cruce* |
| Lite = light - *ligero* | Tonite = tonight - *esta noche* |
| While-u-wait = While you wait - *mientras espera* | |

---

Aprenda a deletrear su nombre:

| | | | | | | | |
|---|---|---|---|---|---|---|---|
| a | [ei] | h | [eitsʰ] | o | [ou] | v | [vi:] |
| b | [bi:] | i | [ai] | p | [pi:] | w | [dœblyu] |
| c | [si:] | j | [dzei] | q | [kyu:] | x | [eks] |
| d | [di:] | k | [kei] | r | [a:r] | y | [wai] |
| e | [i:] | l | [el] | s | [es] | z | [zed] |
| f | [ef] | m | [em] | t | [ti:] | | [zi:] (USA) |
| g | [dzi:] | n | [en] | u | [yu:] | | |

● Para deletrear A mayúscula, por ejemplo, se dice: **capital A**, etc.

## DIFERENCIAS ENTRE EL INGLÉS ESTADOUNIDENSE Y EL BRITÁNICO
■ Pronunciación

1) Las consonantes

La **r** se pronuncia en todas las posiciones, ya sea al final o antes de una consonante (ej.: **far**, **first**, etc.), salvo en Boston y, algunas veces, en Nueva York.

La **t** intervocálica puede adquirir el sonido de una **d**, ej.: **water** → "wader". En otros casos, también puede desaparecer, ej.: **twenty** → "tweny".

2) Las vocales

A diferencia del inglés británico, en el estadounidense la **a** de las palabras **cat** y **hat** se pronuncia de la misma forma que la **a** de **fast**, **last**, **dance**, **France**, **can't**, etc. Con frecuencia, el sonido **ui** [yu] del inglés británico se pronuncia como **oo** de **cartoon** en Estados Unidos, ej.: **tune**, **duke**, **due**, **Tuesday**, **reduce**, **avenue**. Asimismo, **new** y **knew** se pronuncian "nu".

Por lo general, las vocales acentuadas son más largas en el inglés estadounidense que en el británico. A esto se le da el nombre de "**American drawl**", es decir, la *manera de hablar arrastrando las palabras de los estadounidenses*. A menudo, las vocales se nasalizan, sobre todo en el sur.

La **o** de **for** y **your** suele pronunciarse como una "e larga" [e:], como first: for [fe:ʳ], your [ye:ʳ].

■ Vocabulario - Algunas diferencias usuales:

| GB | *Es* | US |
|---|---|---|
| lift | *ascensor* | elevator |
| lorry | *camión* | truck |
| tap | *llave de agua* | faucet |
| maize | *maíz* | corn |
| pavement | *acera* | sidewalk |
| return (ticket) | *viaje redondo* | round trip |
| single (ticket) | *viaje sencillo* | one - way |
| trousers | *pantalones* | pants, slacks |

10

# A

## SITUACIONES/SITUATIONS

## EN EL AEROPUERTO (at the airport)

- Llegada (arrival)

- Vuelos nacionales (domestic flights)

- Observaciones

● LLEGADA (arrival)

En cuanto los pasajeros bajan del avión, las autoridades migratorias encauzan imperiosamente a los extranjeros (aliens) hacia los servicios correspondientes. Los *estadounidenses* (American citizens) y los *extranjeros que residen legalmente en Estados Unidos* (resident aliens) toman un corredor distinto.

En la gran sala reservada para los turistas, los extranjeros forman una larga fila y deben esperar a que les indiquen que pasen a la *oficina de inmigración* (immigration office), donde les entregarán un *permiso de estancia*. Conviene respetar al pie de la letra las indicaciones del personal, de lo contrario, corre el riesgo de que lo envíen al final de la fila. No trate de adelantarse a los otros pasajeros de la fila, no rebase la línea de color pintada en el piso antes de lo debido, no intente ningún tipo de negociación (favor, pase, excusa...) ni tampoco responda con evasivas a las preguntas que se le hacen. De hecho, la respuesta invariable es que a todos se les da el mismo trato.

Al funcionario de migración le interesa saber cuál es el *propósito* (purpose) de su viaje a Estados Unidos: si viene como *turista* (tourist), para *visitar a unos amigos* (to visit friends) o si tiene la intención de *trabajar* (to work) *y residir* (to reside, to live) (ilegalmente) en el país, como lo hacen tantos extranjeros en situación irregular.

A continuación, debe dirigirse a la sala de *reclamo de equipaje* (baggage claim) y pasar por la *aduana* (customs). Aun si sólo está de paso y su *destino final* (final destination) es otro país, su equipaje debe pasar por la aduana antes de que se *transfiera* (transfer) al siguiente avión.

Después debe encaminarse a las *terminales* (terminal) donde se despachan los *vuelos nacionales* (domestic flights).

A menudo, los *funcionarios de la aduana* (custom officials) son igualmente puntillosos. No tienen derecho a tocar sus pertenencias, por ello le pedirán que usted mismo se las muestre y sólo se detendrán con objetos que les parezcan sospechosos. Buscan alcohol, alimentos cuya importación a Estados Unidos está limitada (algunos quesos, productos cárnicos, frutas o granos, que pueden ser portadores de enfermedades o de insectos) y, por supuesto, *droga* (drugs).

— ¿A qué hora aterrizaremos en el aeropuerto JFK?
**At what time will we be landing at JFK?**

— Llegaremos a las 7:15 de la noche, hora local.
**We'll be landing there at 7:15 PM local time.**

— Les habla el capitán; aterrizaremos dentro de poco en el aeropuerto O'Hare.
**This is your captain speaking; we'll be landing shortly at O'Hare airport.**

— Cerciórese de que su asiento esté en posición vertical.
**Make sure your seat is in the upright position.**

— ¿Me dará tiempo de llegar a la terminal de vuelos nacionales para abordar el avión de las ocho a Rochester?
**Will I have enough time to transfer to the domestic flights terminal to catch my plane to Rochester at 8:00?**

— ¿Con qué línea aérea nacional está volando?
**What domestic airline are you flying?**

— Todos los extranjeros, salvo los residentes, deben llenar la forma de Servicio de Inmigración.
**All aliens except resident aliens should fill in the Inmigration Service form.**

— ¿Cuál es el propósito de su estancia y cuánto tiempo piensa permanecer en el país?
**What is the purpose of your stay and how long do you intend to be in this country?**

— Vengo a visitar a unos familiares que residen en Madison, Wisconsin./Vengo como turista./Pienso permanecer alrededor de dos semanas.
**I'm visiting relatives of mine who reside in Madison, Wisconsin./I am a tourist./I plan to stay a couple of weeks.**

— Favor de no rebasar la línea pintada en el suelo antes de que se le indique.
**Please, do not step over the line painted on the floor before you are invited to do so.**

— Si no respeta la fila, me veré obligado a llevarlo hasta al final de la fila.
**If you break the line, I'll have to take you (all the way) to the back of the line.**

— ¿Qué cantidad de bebidas alcohólicas puedo importar sin pagar derechos de aduana?
**How much alcohol am I allowed to import duty-free?**

Es probable que este primer contacto, tan poco agradable para los visitantes, sea el último de ese tipo en un país que se caracteriza por su hospitalidad. Este comportamiento quizá se deba a la seriedad de los funcionarios, quienes cumplen metódicamente con su trabajo frente a personas cansadas del *viaje* (trip), que no siempre hablan bien el inglés y en ocasiones quedan sorprendidas ante los métodos estadounidenses.

Si van a esperarlo al aeropuerto y teme que haya problemas para que lo reconozcan, sus amigos o contactos estadounidenses llevarán un cartel con su nombre. Si no los encuentra, no dude en pedir a los empleados del aeropuerto que los voceen por el *altoparlante* (public address system).

Como en todos los aeropuertos, hay numerosos medios de transporte que pueden llevarlo a su destino: taxis, autobuses, *colectivos* (shuttles), que lo conducirán a su hotel o al *centro de la ciudad* (center-city shuttle/downtown air terminal shuttle) o incluso a la *zona de alquiler de automóviles* (car-rental area).

Cabe destacar que en los aeropuertos estadounidenses la señalización siempre está muy bien hecha y es muy visible, incluso si en ocasiones las distancias que deben recorrerse a pie son grandes.

● VUELOS NACIONALES (domestic flights)

Las distancias en Estados Unidos son tan grandes que en muchos casos no puede pensarse siquiera en otro medio que no sea el avión para desplazarse.

Desde que el gobierno federal emprendió una política de *"desreglamentación del espacio aéreo"* (deregulated skies), se ha vuelto impresionante la feroz competencia entre las *aerolíneas* (airlines): de un día para otro los *precios* (prices) de una varían con respecto a los de la otra.

Por fortuna, el servicio que prestan las *agencias de viaje* (travel agencies) incluye la búsqueda, a menudo larga, del mejor precio posible para satisfacer al cliente. A esto se debe que en ocasiones, a fin de beneficiarse de una *oferta especial/tarifa con descuento* (special offer/discount fare), el cliente deba cambiar las *fechas* (dates) o los *horarios* (time) en que pensaba viajar, *hacer escala* (layover/stopover) en una ciudad fuera de su itinerario o incluso ir en auto al *aeropuerto principal* (hub airport) más próximo, en vez de pagar un boleto muy caro por un trayecto corto en el que no hay competencia.

— ¿Sería tan amable de transferir mis tres maletas al vuelo AA 724 con destino a Baltimore?
**Would you please transfer my three pieces of luggage to AA flight 724 to Baltimore?**

— No encontré mi equipaje en la banda sin fin.
**I could not find my luggage in the carousel.**

— ¿Cómo puedo encontrar a los amigos que venían a recogerme al aeropuerto?
**How can I get in touch with the friends who were supposed to pick me up at airport?**

— Llamando al señor Francisco López. Señor López, ¿podría presentarse en el módulo de información?
**Paging Mr. Francisco López. Would Mr. López please report to the information desk?**

— ¿Hay algún colectivo que vaya a la terminal aérea del centro de la ciudad?
**Is there a shuttle bus to the downtown air terminal?**

— Podemos ir a pie a la terminal de la aerolínea AA.
**The AA terminal is within walking distance.**

— ¿Por qué no aprovecha las tarifas especiales de fin de semana de UA y sale un día antes de lo que había planeado?
**Why don't you take advantage of the UA special week-end rates and leave a day earlier than planned?**

— Tal vez le convenga alquilar un auto para ir a Denver.
**You might be better off driving a rented car to Denver.**

— Puertas 22 a 34.
**Gates 22-34.** *(Atención: En este caso, el guión se lee* to*)*

— Lamentamos informar a nuestros pasajeros que todos los vuelos se retrasarán un poco debido al mal tiempo.
**We are sorry to inform our passengers that due to the weather all flights will be slightly delayed.**

— Se suplica a los pasajeros con boletos para los asientos de las filas 12 a 15 pasar a la puerta 34.
**Passengers holding tickets for seats on rows 12 through 15 are now invited to proceed to gate 34.**

— Sólo se permite llevar una maleta de mano en el avión.
**Passengers are allowed only one piece of hand or carry-on luggage on the plane.**

En el momento de abordar, lo sorprenderán algunos detalles. Por ejemplo, con frecuencia no se respeta estrictamente el *límite de equipaje* (**baggage allowance**) porque muchos *pasajeros* (**passengers**) no llevan equipaje de mano. No obstante, quedará pasmado al ver la cantidad de maletas con que viajan algunos estadounidenses y el tipo de equipaje de mano que se sube a la cabina.

Al abordar, notará que hay muchas personas, sobre todo jóvenes, en **stand-by**, es decir, en espera de que sobre algún lugar para obtener un *pase de abordar* (**boarding pass**) en el último momento. Cuando ya todos están instalados en el avión, a veces una sobrecargo llama a estos últimos pasajeros para proponerles que cedan su sitio a un hombre de negocios, quien paga *tarifa completa* (**full fare**), y a cambio les *garantiza un asiento* (**guaranteed seat**) en el próximo vuelo. Si sólo hay lugares para el día siguiente, en compensación, la aerolínea les ofrece una suma de dinero, alojamiento y alimentos.

En el avión —como en la mayoría de las situaciones en las que se ponen en contacto *extraños** (**strangers**) en Estados Unidos— se acostumbra conversar con los vecinos, presentarse, estrecharse la mano e intercambiar información sobre el lugar de origen, la familia, la profesión, etc. Mientras que en otros países dirigirse a un extraño puede interpretarse como una agresión, en Estados Unidos, por el contrario, parece que no hablarle a un desconocido que estará a su lado durante un tiempo es una forma de altivez fuera de lugar o aun de amenaza.

● OBSERVACIONES

— En el marco de la intensa campaña en contra del cigarrillo que se lleva a cabo en todos los servicios y lugares públicos, está *prohibido* (**forbidden**) *fumar* (**to smoke**) en los aviones.

— Atención. En Estados Unidos (con excepción de Alaska y Hawaii) rigen cuatro husos horarios. (Ver recuadro p. 28).

— Siempre es conveniente desplazarse con un mínimo de equipaje (*"viajar ligero"*: **to travel light**) y llevar sólo *equipaje de mano* (**carry-on luggage**). Esto le permitirá salir con mayor rapidez de los aeropuertos y evitar inconvenientes (pérdida de maletas).

---

* Personas que no se conocen; **foreigner**: extranjero.

— Coloque una etiqueta con su nombre en todas sus maletas.
**Be sure to attach a name tag to every piece of your luggage.**

— Se suplica a los pasajeros en lista de espera que se presenten en el mostrador.
**Stand-by passengers, please report to the desk.**

— Todas las maletas deben colocarse en los compartimientos superiores.
**All pieces of luggage must be stored in the overhead compartment.**

— Durante el despegue y el aterrizaje, los asientos deberán estar en posición vertical.
**During take-off and landing, seats must be in the upright position.**

— Hola, me llamo John Doe y soy de Atlanta. ¿De dónde es usted?
**Hi, I am John Doe from Atlanta; where are you from?**

— ¿En qué trabaja?
**What's your line of business? (what do you do?)**

— Éste es un vuelo directo a Denver.
**This is a through (a direct) flight to Denver**

— ¿Cuánto dura la escala en Charlotte?
**How long will the layover be in Charlotte?**

— Les habla el capitán. Tendremos un viaje con un poco de turbulencia debido al clima. Les recomiendo que permanezcan sentados y abrochen sus cinturones.
**This is your captain speaking. The weather is going to give us a rather rough ride. May I advise you to remain seated and to fasten your seatbelts.**

— Les recordamos que el reglamenro federal prohíbe fumar en el avión.
**We'd like to remind you that federal regulations prohibit all smoking on airplanes.**

— Gracias por volar con United. Esperamos tener el placer de volver a verlos pronto en otro de nuestros vuelos.
**Thank you for flying United. We hope to have the pleasure of seeing you soon on another of our flights.**

— Les suplicamos permanezcan sentados hasta que el avión se detenga por completo.
**Please remain seated until the plane comes to a complete stop.**

17

| | |
|---|---|
| abordar | to board |
| aduana | customs |
| aduanero | customs official |
| aeropuerto | airport |
| aeropuerto principal | hub airport |
| agencia de viajes | travel agency |
| amigo(a) | friend |
| área reservada | reserved area |
| asiento | seat |
| asiento junto a la ventanilla | window seat |
| asiento junto al pasillo | aisle seat |
| aterrizar | to land |
| avión | plane |
| bandeja de alimentos | meal tray |
| cambio de avión | transfer |
| cancelar | to cancel |
| cinturón de seguridad | seat belt |
| colectivo | shuttle [shoetel] |
| compartimiento para equipaje | luggage compartment |
| conexión | connecting flight |
| confirmar | to reconfirm |
| corredor | aisle [aïl] |
| descompensación por cambio de horario | jet lag |
| despegar | to take off |
| destino final | final destination |
| documentar (el equipaje) | to check (bag, luggage, baggage) |
| equipaje | luggage; baggage |
| equipaje de mano | carry-on luggage |
| escala | layover |
| esperar | to wait |
| etiqueta | tag |
| exceso de equipaje | excess baggage |
| extranjero ( = desconocido) | foreigner/alien/stranger |
| fecha | date |
| forma (para llenar) | form (to fill in) |
| funcionario de migración | immigration official |
| hora local | local time |

| | |
|---|---|
| huso horario | time zone |
| ir a | to go to |
| límite de equipaje | baggage limitation |
| llenar | to fill |
| mañana | morning |
| módulo de información | information office/desk |
| mostrador de una aerolínea | airline counter |
| niebla | fog |
| noche | night |
| noche (hasta la hora de acostarse) | evening |
| pase de abordar | boarding pass |
| pista | runway |
| precio con descuento | reduced price |
| precio del boleto | ticket price/fare |
| puerta | gate |
| reclamo de equipaje | baggage claim |
| residir | reside [rizaïd] |
| retraso | delay |
| sección de no fumar | no-smoking section |
| servicio de inmigración | immigration |
| servilletas de papel | napkin |
| sistema de voceo | public address system |
| sobrecargo | stewardess |
| tarde | afternoon |
| tarifa completa | full-fare |
| terminal | terminal |
| tocador, sanitarios | restroom, lavatory |
| trabajar | to work |
| transferencia | transfer |
| tripulación | crew [kru:] |
| turista | tourist |
| viaje redondo | round trip |
| viaje sencillo | one way |
| visitar | to visit |
| vuelo directo | direct flight; through flight |
| vuelo internacional | international flight |
| vuelo nacional | domestic flight |
| vuelo regular | scheduled flight [skédiuld] |

## LOS 50 ESTADOS DE ESTADOS UNIDOS

| Estados | Abrev. | Capitales | Estados | Abrev. | Capitales |
|---------|--------|-----------|---------|--------|-----------|
| Alabama | Al | Montgomery | Montana | Mt | Helena |
| Alaska | Ak | Juneau | Nebraska | Ne | Lincoln |
| Arizona | Az | Phoenix | Nevada | Nv | Carson City |
| Arkansas | Ar | Little Rock | New Hampshire | NH | Concord |
| California | Ca | Sacramento | New Jersey | NJ | Trenton |
| Colorado | Co | Denver | New Mexico | NM | Santa Fe |
| Connecticut | Ct | Hartford | New York | NY | Albany |
| Delaware | De | Dover | North Carolina | NC | Raleigh |
| Florida | Fl | Tallahassee | North Dakota | ND | Bismarck |
| Georgia | Ga | Atlanta | Ohio | Oh | Columbus |
| Hawaii | Hi | Honolulu | Oklahoma | Ok | Oklahoma City |
| Idaho | Id | Boise | Oregon | Or | Salem |
| Illinois | Il | Springfield | Pennsylvania | Pa | Harrisburg |
| Indiana | In | Indianapolis | Rhode Island | RI | Providence |
| Iowa | Ia | Des Moines | South Carolina | SC | Columbia |
| Kansas | Ka | Topeka | South Dakota | SD | Pierre |
| Kentucky | Ky | Frankfort | Tennessee | Tn | Nashville |
| Louisiana | La | Baton Rouge | Texas | Tx | Austin |
| Maine | Me | Augusta | Utah | Ut | Salt Lake City |
| Maryland | Md | Annapolis | Vermont | Vt | Montpelier |
| Massachusetts | Ma | Boston | Virginia | Va | Richmond |
| Michigan | Mi | Lansing | Washington | Wa | Olympia |
| Minnesota | Mn | St-Paul | West Virginia | Wv | Charleston |
| Mississippi | Ms | Jackson | Wisconsin | Wi | Madison |
| Missouri | Mo | Jefferson City | Wyoming | Wy | Cheyenne |

### White Courtesy Telephone *(Teléfono blanco gratuito)*

En el aeropuerto hay un servicio de teléfono gratuito a disposición del público. Estos aparatos, fácilmente identificables por su color blanco, se encuentran en las paredes de los corredores. Si lo llaman por el altoparlante: "**Paging Mr. Pérez, paging Mr. Pérez. White Courtesy Telephone, please!**", sólo tiene que descolgar cualquiera de los aparatos y dar su nombre. Asimismo, puede solicitar que den su anuncio: descuelgue el teléfono y diga: "**Please page Mr. ...**", la telefonista lo pondrá en contacto con la persona que busca en cuanto ésta descuelgue uno de los teléfonos blancos. También puede utilizar este servicio para llamar fuera del aeropuerto.

## ALOJAMIENTO (finding accommodations)

- Hoteles
- Moteles
- Albergues juveniles (youth hostels)
- YMCA, YWCA
- Universidades (colleges/ universities)
- Bed and breakfast
- Campamentos

Estados Unidos ofrece una gran diversidad de alojamientos (accommodation). Sin duda, en primer lugar, usted hará su elección con base en el costo de la operación y, después, según el medio de transporte disponible en el lugar y sitio que piense visitar.

Si su viaje se limita a grandes centros urbanos —Nueva York, Chicago, Boston, San Francisco—, el hotel será la solución más práctica, aunque relativamente cara.

Por el contrario, en caso de que piense recorrer si no todo el país cuando menos una de las grandes regiones, le convendrá desplazarse en un auto (ver Alquiler de autos), de manera que el motel será la opción más accesible.

No obstante, además de estos dos alojamientos clásicos, que pueden combinarse, existen muchas otras modalidades que le brindarán una estancia agradable en el país: desde los albergues juveniles, las YMCA y las YWCA, los campus universitarios, los "bed and breakfast" hasta los albergues típicos (ranches, lodges) y los terrenos para acampar.

## ● HOTELES

Si bien en Estados Unidos la mayoría de los hoteles tienen *habitaciones* (rooms) con *aire acondicionado* (air conditioning), televisión y *baño privado* (private bath), las categorías que se mencionan a continuación ofrecen distintos tipos de instalaciones.

Por definición, los *hoteles de lujo* (luxury hotel o top price hotel) son muy elegantes y ostentosos y, por consiguiente, muy caros (en especial en Nueva York).

Los hoteles de *primera clase* (medium priced) pueden ser lujosos y caros, pero al mismo tiempo relativamente accesibles si se negocia con antelación un *descuento* (discount), en general por medio de una agencia, o se consigue un *paquete de fin de semana* (week-end package).

Los hoteles de *segunda clase* (modest-priced hotel) pueden dar sorpresas, tanto en lo que respecta al precio como a la calidad, pero deberán considerarse con cautela. Por lo general, se ubican en el *centro* (downtown), en particular en Nueva York, zona que a veces se considera *insegura* (unsafe). Puede solicitar que le muestren la habitación antes de pagar.

## REGISTRO (checking-in), ELECCIÓN DE LA HABITACIÓN Y SALIDA (checking-out)

Después de llenar la *forma de registro* (registration card), debe presentar una *tarjeta de crédito* (credit card) o un *comprobante* (voucher) de su reservación.

Puede pedir una habitación *sencilla* (single), *doble con camas individuales* (twin beds), o con una o *dos camas matrimoniales* (double).

Si se prolonga su estancia, puede elegir entre *pensión completa* (American plan o AP), *media pensión* (modified American Plan o MAP) o, por supuesto, *únicamente la habitación* (European Plan).

En muchos de los hoteles se acepta que los niños ocupen la habitación de los padres sin costo adicional.

La *salida del hotel* (checking-out) se hace alrededor del mediodía, pero casi todos los hoteles cuentan con depósito de equipaje (cloak-room) donde puede guardar el suyo.

## SERVICIOS

En los hoteles que ofrecen "room-service", puede pedir que le sirvan el desayuno en su habitación y, si tiene restaurante, tomar ahí sus alimentos; normalmente el servicio termina a las 11 de la noche, averigüe a qué hora se sirve la *última orden* (last order).

— Reservé una habitación sencilla/doble por teléfono. Me llamo...
**I reserved a single/double room by telephone. My name is...**

— ¿Es una habitación sin ruidos? Preferiría una que no diera a la calle.
**Is it a quiet room? I would prefer one that's not facing the street.**

— Quisiera una habitación con vista al mar/al parque.
**I'd like a room with a view of the ocean/park.**

— ¿Hay aire acondicionado/televisión/baño privado?
**Is there air conditioning/a television/a private bath?**

— ¿Cuánto tiempo piensa quedarse?
**How long will you stay?**

— Alrededor de una semana/tres días/una noche.
**About one week/three days/one night.**

— ¿Cuál es el precio por una noche/una semana?
**What is the price for one night/per week?**

— ¿Los impuestos están incluidos?
**Does that include sales taxes?**

— Por favor, llene la forma de registro.
**Please fill in the registration card!**

— ¿Podría despertarme a las 9 de la mañana?
**Could you please wake me up at 9 (nine) o'clock?**

— ¿Podrá mandar a alguien por nuestras maletas?
**Could you send someone to take our bags?**

— ¡No deje objetos de valor en su habitación, hay una caja de seguridad!
**Don't leave any valuables in your room, there is a safe!**

— ¡El aire acondicionado/la calefacción/ la luz no funciona!
**The air-conditioner/the heating/the light doesn't work!**

— ¿Hay algún mensaje para mí?
**Do I have any messages?**

— ¿Podría comunicarme a Nueva York al 4236534?
**Could you get me New York 4236534?**

— Me voy mañana, ¿podría prepararme la cuenta?
**I'm leaving tomorrow. Could you prepare my bill?**

— ¿Puedo dejar mi maleta en algún sitio hasta la noche?
**May I leave my suitcase somewhere until this evening?**

— Por supuesto, tenemos un depósito para equipaje.
**Sure, we have a cloakroom.**

Si tiene ropa para lavar o planchar, basta con que llame al valet service y en lo que respecta a la habitación, a la maid service (*recamarera*). Por último, si tiene algún problema, quien debe auxiliarlo es el *capitán de botones* (bell captain), sin olvidar al *botones* (bell boy).

## ● INSTALACIONES PARA MINUSVÁLIDOS (facilities for handicapped persons)

En su guía, un símbolo especial al lado de la descripción del hotel le indicará si éste cuenta con instalaciones que facilitan el acceso de personas que se desplazan en *silla de ruedas* (wheelchair) o con *muletas* (crutches). Sin embargo, si es usted minusválido o piensa viajar con un minusválido, conviene que se informe con anticipación si el hotel cuenta con *estacionamiento para minusválidos* (handicapped parking) cerca de las *rampas de acceso* (access ramps). Asimismo, verifique que haya *sanitarios* (restrooms) con *barras de apoyo* (hand rails) y lo bastante grandes para que entre una silla de ruedas; de igual forma, los *ascensores* (elevator) deben estar equipados con *controles a poca altura* (lowered control buttons).

## ● MOTELES

La palabra motel es una contracción de <u>motor</u> y <u>hotel</u>. Este tipo de albergue fue creado en Estados Unidos y se relaciona por definición con el automóvil. Se trata de construcciones bajas contiguas a los estacionamientos.

Entre sus ventajas destacan el precio moderado, las instalaciones estándar (aire acondicionado, televisión, baño privado) y la gran facilidad de acceso. Entre sus inconvenientes, el que se encuentren alejados del centro de las ciudades y, con frecuencia, muy cerca de las *carreteras* (highways). En todo el territorio encontrará numerosas cadenas de moteles, que pueden dividirse en dos categorías:

1) primera clase: a menudo consta de varios pisos (multistoried building), ofrecen servicios análogos a los de los hoteles mencionados anteriormente (room service, valet service...) y poseen una o varias *piscinas* (swimming pool), así como uno o varios restaurantes. La *propina* (tip) es tan normal como en un hotel.

2) clase de precio moderado (budget motel): los moteles de esta categoría en verdad corresponden al concepto original: facilidad de acceso, independencia y servicio mínimo (por consiguiente, no hay propinas); la relación calidad-precio es muy superior a la que puede ofrecer un hotel del centro de la ciudad.

Inconvenientes: el aislamiento contra ruido puede no ser óptimo y, salvo excepciones, no hay restaurantes (sólo algunas tiendas). Le conviene buscar una lista de las cadenas y sus afiliados y, en temporada alta, hacer reservaciones.

Por lo general, en los moteles se paga una tarifa única por habitación, independientemente del número de personas que vayan a ocuparla.

— Hola. Quisiera saber si su hotel tiene instalaciones para huéspedes minusválidos.
**Hello, I'd like to know if your hotel is equipped for handicapped guests.**

— ¿El precio es por persona o por habitación?
**Is this the price per room or per person?**

— ¿El desayuno está incluido?
**Is breakfast included?**

— ¿Podemos ver la habitación?
**May we see the room?**

— Deben pagar por anticipado.
**You'll have to pay in advance.**

— ¿A cuántas millas se encuentra la ciudad más cercana?
**How many miles are we from the nearest town?**

— ¿Hay un hotel de la misma cadena en la región de Boston?
**Is there a motel in the same chain in the Boston area?**

— ¿Podría hacernos una reservación desde aquí?
**Can you make us a reservation from here?**

— ¿Pueden hacerse reservaciones para su albergue por teléfono?
**Is it possible to reserve at your hostel by telephone?**

— Quisiéramos cuaaro camas para mañana.
**We would like four beds for tomorrow.**

— Sí se puede. ¿Cómo se llama?/No se puede, no hay cupo.
**Yes, we can do that. What is your name?/No, we're full.**

— ¿A qué hora debemos llegar?
**What time should we be there?**

— El albergue permanece cerrado de 10:00 a 17:00.
**The hostel is closed from ten o'clock to five o'clock.**

Anuncios luminosos a la entrada de los moteles:
**vacancy** (habitaciones disponibles)
**no vacancy** (lleno)

---

**SALES TAX**: versión estadounidense del IVA. Oscila entre 5 y 8% según el estado. Se añade a los precios anunciados.
**TIPS** (*propinas*): en los restaurantes van de 15 a 20%. Los maleteros (**bellhops/porters**) de los hoteles o de los aeropuertos esperan más o menos un dólar por maleta.

---

## ● ALBERGUES JUVENILES (Youth hostels)

Si los alojamientos anteriores están fuera de sus posibilidades financieras, los albergues juveniles constituyen un medio más austero, pero no por ello desprovisto de interés, para alojarse mientras viaja por Estados Unidos.

Si pertenece a la IYHF (**International Youth Hostel Federation**) (P.O. Box 37613, Washington DC 20013), tiene derecho a alojarse en AYH (**American Youth Hostel**) y a que le obsequien un **AYH handbook**; si no es miembro (**non-member**), debe pagar una tarifa más elevada.

En la guía encontrará la distribución de los albergues juveniles, cuyo número es menor que en Europa dada la inmensidad del país. La mayoría se ubica en el noreste, en la región de los Grandes Lagos (**Great Lakes**), en Colorado y California.

Por desgracia, estos albergues suelen estar lejos de los sitios de interés.

SERVICIOS. Puede llegar a un albergue de *clase sencilla* (**simple grade**) y alojarse en un *dormitorio* (**dormroom**) con una *litera* (**bunk bed**), agua corriente (fría) y una cocineta donde usted mismo podrá preparar sus alimentos.

También existen albergues de *clase superior* (**superior grade**), que cuentan con habitaciones y un servicio mínimo de alimentos.

En todos los casos, debe llevar un *saco de dormir* (**sleeping bag** o **sleep-sack**).

Como no hay servicio de limpieza de las habitaciones ("**no house keeping service**"), los visitantes deben ayudar en este aspecto ("**guests share domestic duties**").

RESTRICCIONES. Preste atención a las horas en que los albergues permanecen abiertos: por lo general se cierran desde las diez de la mañana hasta las cinco de la tarde. Normalmente la *hora de registro* (**check-in time**) es entre las seis de la tarde y ocho de la noche y la *hora de salida* (**check-out time**), antes de las diez de la mañana.

En algunos albergues se marca una hora para *apagar las luces* (**lights-out**) y una *hora para cerrar las puertas* (**evening curfew**); además, según la legislación local, no se recibe a *menores* (**minors**) sin autorización de los padres. Por otra parte, hay muy pocos albergues acondicionados para recibir a familias con niños pequeños.

Se prohíbe ingerir bebidas alcohólicas y, en algunas ocasiones, fumar. La estancia máxima es de tres días; en temporada alta, es muy recomendable hacer reservaciones, sobre todo en ciudades grandes.

● YMCA (Young Men's Christian Association) y YWCA (Young Women's Christian Association)

En principio, las YMCA están reservadas para hombres y las YWCA para mujeres; sin embargo, existen ciertos establecimientos mixtos en Nueva York o Boston, por ejemplo. En estos albergues juveniles pueden alojarse visitantes de todas las edades.

Ventajas: generalmente se ubican en los centros de las ciudades, poseen instalaciones deportivas muy completas (piscina, gimnasio, cancha de basquetbol, sauna...), una cafetería barata, *lavadoras automáticas* (laundromat), *biblioteca* (library), etc.

Inconvenientes: habitación minúscula (que en ocasiones debe *compartirse*, to share), aislamiento sonoro deficiente, *baños comunes* (communal bath/shower).

Para hacer reservaciones y obtener información diríjase a: YMCA: The Y's way, 356 W 34th street New York, NY 10001.

YWCA: The YWCA of the USA, 726 Broadway, New York, NY 10003.

● UNIVERSIDADES (colleges o universities)

En el verano, algunas universidades alojan a *estudiantes* (students), profesores y conferencistas. Los precios son muy accesibles y las *instalaciones* (facilities) están muy limpias y en buenas condiciones. Los *vales de residencia* (vouchers) pueden comprarse con antelación.

● BED AND BREAKFAST ("B + B")

Esta modalidad, menos común que en Gran Bretaña, se encuentra cada vez más en las ciudades y regiones turísticas y permite una estancia menos formal que en un motel. Consulte *Bed and Breakfast USA* de B.R. Rundback y N. Kramer o en la oficina de turismo.

● INNS (albergues en el campo)

Este tipo de albergues, por lo general ubicados en el noreste (en particular en Nueva Inglaterra), no es ni el más común ni el menos caro. No obstante, en ellos puede conocer el paisaje rural de Estados Unidos y la calidez de una atmósfera que contrasta con la frialdad de las habitaciones de las cadenas de moteles. A menudo, los albergues en el campo están decorados con *muebles antiguos* (antique furniture) y se encuentran en regiones con pasado histórico.

## ● CAMPAMENTOS

Para los adeptos al excursionismo, sin duda los campamentos son la manera menos onerosa de descubrir la belleza de los paisajes naturales de Norteamérica.

Estados Unidos posee una notable red de terrenos para acampar, tanto privados como públicos (más de 20,000), divididos en dos grandes categorías:

1) Los *terrenos para acampar* (campground): destinados a personas con tienda de campaña. En su mayoría, son sitios para acampar regionales o nacionales ubicados en los parques nacionales o en los linderos de los bosques nacionales.

Son muy baratos y aunque no cuentan con todos los servicios (agua, electricidad, drenaje), siempre hay sanitarios y tomas de agua comunes. Se aconseja llegar a mediodía para apartar un lugar.

Por último, si es usted excursionista novato, además de la tienda, lleve los siguientes *accesorios básicos* (basics): *saco de dormir* (sleeping bag) —ya sea de *plumón* (down), *sintético* (synthetic), o *impermeable* (water resistant)—, *cojín* (pad) y *tapete de plástico* (plastic ground cloth). Tampoco está de más que lleve una *linterna de baterías* (battery-operated lantern), *una navaja suiza* (Swiss army knife), *papel higiénico* (toilet paper), *repelente de insectos* (bug and mosquito repellent) y un *botiquín de primeros auxilios* (first aid kit). Para cargar todo esto necesitará una *mochila* (backpack).

En algunos terrenos hay mesas y asadores y se permite recoger *leña* (firewood).

2) Los *terrenos para vehículos de acampar* (trailer parks): suelen ser privados y ofrecen un gran número de servicios (electricidad, sanitarios, duchas, lavandería automática), a veces hasta centros comerciales e instalaciones deportivas (piscina, campo de golf, cancha de tenis); los precios son un poco más elevados que en los campgrounds, pero siguen siendo muy accesibles. En temporada alta, le pedirán que permanezca dos días como mínimo.

Sea cual sea su elección, tendrá que alquilar un vehículo: un auto para los campground y una casa *remolque* (motor home) o una *camper* para los trailer parks. Es recomendable que planee de antemano su itinerario, para lo cual puede consultar el anuario de campamentos *Campground and Trailer Park Guide* de Rand McNally.

---

LA HORA (time)

Para dar la hora, la mayoría de los estadounidenses utilizan los números del uno al doce en vez del uno al veinticuatro. Para las horas después de la tarde, añaden "post meridien" o PM (ejemplo: 3 PM = 15:00) y para las horas anteriores al mediodía añaden "ante meridien" o AM (ejemplo: 11 AM = 11:00).

En los estados del bloque continental (continental US) hay cuatro *husos horarios* (time zones): Eastern, Central, Mountain, y Pacific. Cuando en la costa este (Eastern time) es mediodía (12:00 noon), en Chicago (Central time) son las 11 de la mañana (11:00 AM), en Denver, Colorado (Mountain time) las 10 de la mañana y en San Francisco (Pacific time) las 9 de la mañana. (En Hawaii y en Alaska, serían las 7 de la mañana.)

---

— ¿Dónde podemos comprar/alquilar un equipo para acampar?
 Where can we buy/rent camping gear?
— ¿Hay un terreno para acampar cerca de aquí?
 Is there a campground/a trailer camp near here?
— ¿Es un terreno para acampar público/privado?
 Is it a public/a private camping site (campground)?
— ¿Qué instalaciones tiene?
 What facilities do you have?
— En cada zona hay sanitarios, duchas, lavandería automática y conexiones eléctricas...
 There are toilet, showers, a laundromat and electrical hook-ups at each campsite...
— ¿Cuál es la tarifa por un auto/una camper/una casa remolque?
 What's the charge for a car/a camper/a motor home?
— Le pedimos que permanezca un mínimo de dos noches.
 We ask you to stay a minimum of two nights.
— ¿El agua es potable?
 Is this drinking water?/Is the water safe to drink?
— ¿Puede encenderse fuego?
 Is it possible to make a fire?
— ¿Podemos acampar aquí esta noche?
 Can we camp here tonight?

Letreros: **NO CAMPING**: SE PROHÍBE ACAMPAR
 **NO TRAILERS**: PROHIBIDO EL PASO A REMOLQUES

| ALGO DE VOCABULARIO DE CAMPAMENTOS | |
| --- | --- |
| equipo para acampar | camping equipment/gear |
| martillo | hammer |
| mástil (de una tienda de campaña) | tent-pole |
| mosquitero | mosquito net |
| estaca para tienda | tent-peg |
| sanitarios sépticos | chemical toilets/outhouses |
| sanitarios de agua corriente | flush toilets |
| destapador | bottle opener |
| abrelatas | can opener |
| parrilla portátil | primus stove |
| sacacorchos | corkscrew |

| | |
|---|---|
| agua | water |
| agua corriente | flush |
| aire acondicionado | air conditioning |
| albergue juvenil | youth hostel |
| almohada | pillow |
| almuerzo | lunch |
| ascensor | elevator |
| atorado | clogged [klogd] |
| baño | bath, bathroom |
| bebida | drink |
| calefacción | heating |
| caliente | hot |
| cama | bed |
| cambiar (de habitación) | to change |
| cancelar | to cancel |
| cenicero | ashtray |
| cerradura | lock |
| comida | dinner |
| cuenta | bill/check |
| champú | shampoo [shampu] |
| desayuno | breakfast |
| descuento | discount |
| despertar | to wake up |
| ducha | shower [shau-e] |
| estacionamiento | parking |
| estancia | stay |
| factura | invoice [invoïs]; bill |
| forma de registro | registration form |
| frío | cold |
| funda de almohada | pillowcase |
| grifo | faucet [fo:sit] |
| habitación | room |
| jabón | soap |
| limpiar | to clean; to wash |
| limpio | clean |
| luz | light |
| llave | key |
| manta | blanket |
| media pensión | modified American Plan |

| | |
|---|---|
| noche | night |
| nombre/apellido | first name/last name |
| pagar | to pay |
| pensión completa | American plan |
| permanecer | to stay |
| piscina | swimming pool |
| piso | floor |
| planchar | to press, to iron |
| propina | tip |
| puerta | door |
| recepción | reception |
| recibo | receipt [risi:t] |
| roto | broken |
| sábana | sheet |
| salir | to leave |
| sanitarios | toilet, rest room |
| servicio de lavandería | laundry service |
| sucio | dirty |
| televisión | television |
| tina de baño | bathtub |
| toalla | bath towel |
| toma de corriente | plug/socket |
| tranquilo | quiet |
| vaso | glass |
| voltaje | voltage |

---

### LÉXICO

| | |
|---|---|
| single | habitación sencilla |
| twin | habitación doble con camas individuales |
| double | habitación doble |
| European plan | únicamente habitación |
| American plan | pensión completa |
| Modified American plan | media pensión |
| continental breakfast | desayuno continental |
| deposit | depósito |
| voucher | comprobante de reservación |
| bell captain | capitán de botones |

Desde su habitación, puede solicitar por teléfono:

— el "room service": para ordenar alimentos;

— el "valet service": para lustrar zapatos, mandar ropa a lavar o planchar;

— el "maid service": para llamar a la recamarera.

## ALGUNOS ALOJAMIENTOS ORIGINALES

Si desea descubrir el ambiente de las películas del Viejo Oeste, Estados Unidos ofrece varios tipos de alojamiento que lo podrán transportar a esa época:

### DUDE RANCHES (literalmente *rancho para citadinos*)

Se trata de ranchos concebidos para que los *citadinos* (''dude''), en general provenientes del Este del país, se sumerjan en el ambiente del Oeste. Se localizan en regiones vastas como Wyoming, Colorado u Oregon, a menudo cerca de parques nacionales, y ofrecen toda una gama de actividades: *equitación* (horseback-riding), *pesca* (fishing), *caza* (hunting), *natación* (swimming), *días de campo* (picnic), *recorridos por zonas vírgenes* (trip in wilderness areas).

Los **dude ranches** cuentan con cómodas instalaciones que, según el caso, van de sencillas a lujosas. Conviene hacer reservaciones y siempre se establece una *estancia mínima* (**minimum length of stay**): no se aceptan huéspedes que sólo van a *pasar una noche* (**overnight stay**).

### LODGES y RESORTS

A diferencia de los ranchos, en estos alojamientos se aceptan las estancias breves. Los hay de todos tipos: desde la simple *cabaña* (cabin), algo austera, hasta los grandes establecimientos confortables y cálidos.

Por regla general, se recomienda hacer reservaciones en cualquier temporada.

### FARMS (*granjas*)

Para los amantes de la vida sencilla del campo, hay un tipo de alojamiento en granjas, más sencillo y menos turístico que el de los **lodges** y los **dude ranches**.

En todo el país hay agricultores que, mediante un pago, lo recibirán como huésped y lo llevarán a visitar sus tierras (algunas veces de extensión impresionante).

Infórmese en la oficina de turismo de Estados Unidos.

**3**

## — GENERALIDADES

- Restaurantes de Fast food
  *(comida rápida)*
- Restaurantes
  — Modales (**manners**)
  — Comidas (**meals**)
  — Platillos (**dishes**)

## — DÓNDE COMER (Where to eat)

- Fast food
- Delicatessen
- Family restaurants
- Steak houses
- Drive-in restaurants
- Drive-thru restaurants

- Ethnic restaurants
- Cafés
- Bar and grill
- Restaurantes franceses
- Restaurantes de lujo

## — SANDWICHES (Sandwiches)

- Clásicos
- Sandwiches calientes
- Sandwiches muy grandes

33

GENERALIDADES

● Los restaurantes de **Fast-food**

Los estadounidenses están acostumbrados a este tipo de restaurantes desde hace mucho tiempo: ya saben lo que van a pedir antes de llegar con el *camarero* (**waiter o waitress**) y anuncian rápidamente su orden sin hacer esperar a las personas que están detrás de ellos. Asimismo, responderán de inmediato a la pregunta ritual: *¿Para comer aquí o para llevar?* (**for here or to go?**), pues saben que hay una gran cantidad de restaurantes de todo tipo que venden comida para llevar.

Una dificultad a la que puede enfrentarse un extranjero es la variedad de tamaños; por ejemplo, de las bebidas. Además, los estadounidenses rara vez piden que se modifique alguno de los platillos anunciados, pues saben que para mantener calidad, rapidez y precios accesibles deben contentarse con lo que está anunciado.

● Los restaurantes

*Para sentarse a la mesa* (**sitting down**)

Por lo general, debe esperar en la entrada del restaurante a que la *anfitriona* (**hostess**) venga a recibirlo y le asigne una mesa, salvo en las cafeterías o cuando vea el letrero "Seat yourself", "*Tome asiento*". Recuerde que en la mayoría de los restaurantes se le pedirá que vista correctamente. Apenas se siente le servirán un gran vaso de agua helada.

*La mesa* (**place setting**)

La mesa ya está puesta: *plato* (**plate**), un plato pequeño colocado a la izquierda para la *mantequilla* (**butter**) y el *pan* (**bread**), *vaso* (**glass**) de agua, otro para el té helado o el vino y los *cubiertos* (**silverware**): *tenedor(es)* (**fork**), *cuchillo(s)* (**knife**) y *cuchara(s)* (**spoon**).

*Modales* (**manners**)

No se considera de mala educación tener debajo de la mesa, en las rodillas, la mano que no se utiliza para comer; al contrario, es lo que recomiendan a sus hijos los padres estadounidenses.

Advertirá que con frecuencia los estadounidenses cortan los alimentos sosteniendo el tenedor con la mano izquierda y luego lo pasan a la mano derecha para llevarse el trozo de alimento a la boca. Tenga en cuenta que ya en los restaurantes de cierta elegancia debe presentarse bien vestido, lo cual se considera un signo de respeto.

— ¿Qué desea ordenar el señor?
**What will you have, sir?/ What would you like, sir?**

— Tráigame una hamburguesa, una orden chica de papas fritas y una coca grande.
**I'll have a hamburger, a small order of fries and a large coke.**

— ¿Es para comer aquí o para llevar?
**Is it for here or to go?**

— Aquí tiene su cambio.
**Here is your change.**

— ¿Dónde están las servilletas de papel?
**Where can I find paper napkins?**

— (Estamos) a sus órdenes.
**It's a pleasure serving you.**

— ¿Qué le parece si cenamos fuera esta noche?
**How about dining out tonight?**

— Por favor, espere a que la anfitriona le asigne una mesa *(en un letrero).*
**Please wait for the hostess to seat you.**

— Hola, ¿cuántas personas son?
**Hello, how many in your party?**

— ¿Podría traerme otro plato?
**Could I have an extra plate?**

— Disculpe, señorita, no tengo tenedor.
**Sorry, miss, I have no fork.**

— ¿Todo en orden?
**Is everything in order?**

— Tienen muy buenos modales en la mesa.
**They have very good table manners.**

— ¿No le molesta si uso los dedos?
**Do you mind if I use my fingers?**

*Las comidas* (meal)

Le presentarán la *carta* (**menu**). Los *platillos* (**dish**) suelen venir acompañados ("come with") por dos *verduras* (**vegetable**) a elegir y una *ensalada* (**salad**), la cual puede llevar varios aderezos, así que la *camarera* (**waitress**) le preguntará cuál desea. Le traerán al mismo tiempo el platillo y las verduras, el *pan* (**bread**), la ensalada y la *bebida* (**drink**): té helado, coca, café o *cerveza* (**beer**). En muchos restaurantes de ciudades de mediana importancia el *vino* (**wine**) no es una bebida muy común.

Hay diversos tipos de pan: *blanco* (**white bread**), *pan integral* (**wheat bread**), *pan de maíz* (**corn bread**), *panecillo alargado* (**roll**), *panecillo redondo* (**bun**), galletas saladas... A menudo se sirve caliente, envuelto en una servilleta, y se toma con unas pinzas especiales.

Cuando ordene café, no se sorprenda si le llenan la taza cada vez que usted lo beba; la camarera le servirá tanto café como usted pueda beber. Pero no por ello padecerá insomnio, en general el café no es verdaderamente fuerte, a menos que se trate de un **express**.

El *postre* (**dessert**) no es muy común, muchos estadounidenses no lo acostumbran.

*Los platos* (**main dish** o **entrée**)

Se piensa que en Estados Unidos no hay una *"cocina"* (**cuisine**) propiamente dicha y que sólo se comen pizzas, hamburguesas, *salchichas* (**hot dogs**) o comida tex-mex.* Sin embargo, en todas las regiones existen varios platillos de alta cocina y de buena calidad. Es frecuente la mezcla de dulce y salado (jamón a la parrilla con *piña* (**pineapple**), por ejemplo). También le servirán condimentos y productos que usted conoce, sólo que preparados de forma inesperada. En la cocina estadounidense se utilizan muy poco los alimentos *crudos* (**uncooked**), se preparan *a la parrilla* (**grilled**), *hervidos* (**boiled**) y sobre todo *fritos* (**fried**).

Por regla general, la carne está demasiado *cocida* (**overcooked**) y las verduras *poco cocidas* (**undercooked**) en comparación con el gusto europeo.

* Mezcla de cocina texana y mexicana.

— ¿Cuál es el platillo del día?
  **What is today's special?**
— Puede elegir dos verduras.
  **You may choose any combination of two vegetables.**
— ¿Qué va a beber?
  **How about drinks?**
— ¿Desea el café negro o con crema, señora?
  **Would you like your coffee black or with cream, Ma'm?**
— ¿Nos permite sugerirle el menú infantil para los niños?
  **May we suggest the children take the children's menu?**
— ¿Prefieren bollos o pan de maíz?
  **Would you prefer biscuits or corn bread?**
— Buen provecho.
  **Enjoy your meal.**
— ¿Qué ingredientes lleva este platillo?
  **What goes into this dish?**
— Cuidado, este platillo es muy picante.
  **Careful, this dish is rather hot.**
— ¿Podría traerme la tarta sin crema batida?
  **Could I have the pie without the whipped cream?**
— Pruebe este platillo, estoy seguro de que le gustará.
  **Try this dish, I'm sure you'll like it.**
  ¿Su pago va a ser al contado o a su cuenta, señor?
  **Will it be cash or charge, sir?**
— ¿Podría darme una nota desglosada para mi compañía?
  **Could I have an itemized bill for my company?**
— ¿Les agradó la comida?
  **Did you enjoy your meal?**
— Esperamos que vuelva pronto.
  **Please come again very soon.**

---

Puede tomar el famoso **brunch** estadounidense ( = **breakfast** + **lunch**) en los hoteles (donde es abundante pero también un poco caro) o en restaurantes de cadena. En la mayoría de los **deli**, **family restaurants** y **coffee shops** puede pedir el brunch a cualquier hora del día.

*Pago y salida del restaurante* (paying and leaving)

La mayoría de las veces, en los restaurantes se *paga* (to pay) con tarjeta de crédito o en *efectivo* (cash), casi nunca con cheque. El *servicio* (service) rara vez está *incluido* (included), así que al total de la *cuenta* (bill) se recomienda añadir el 15%, como mínimo, por el servicio (salvo si éste ha sido nefasto). Además de los *precios* (price), en la carta vienen indicados los impuestos. Antes de salir la camarera le preguntará si le agradó la comida o lo *invitará a regresar* (to come back).

## DÓNDE COMER (where to eat)

Restaurantes baratos

### ● Fast food
Este tipo de lugares existen en otros países, pero hay cadenas de buena calidad (Wendy's, por ejemplo).

### ● Coffee shops
Muy recomendables, tanto desde el punto de vista financiero como cultural. Tienen un menú variado a precios muy razonables. Se puede comer de todo a cualquier hora, pero los menús especiales para el desayuno, a precios muy accesibles (sobre todo en Nueva York), sólo se sirven hasta las 11 o 12 de la mañana.

También hay servicio de barra (a los mismos precios, pero con la posibilidad de conversar con su vecino). Aprenda a decir cómo quiere que le preparen los huevos (ver recuadro).

### ● Delicatessen ("Deli")
Especialidades judías de Europa central, gran variedad de ensaladas combinadas, grandes sandwiches al gusto, carnes condimentadas, **bagels** (panecillos redondos con un orificio en el centro); comida para llevar (**carry out** o **take-out**); a veces hay mesas pequeñas para comer ahí mismo.

### ● Family restaurants
Hay una gran cantidad de "cadenas" (Denny's, Howard Johnson's, Pizza Hut, Friendly's, etc.) —en las ciudades, en los suburbios, en las carreteras— donde se puede comer casi lo mismo que en las **coffee shops**, pero con menús de verdad y mayor comodidad.

En las ciudades también hay restaurantes independientes, a menudo muy grandes, con nombres como "Sam's". El servicio es sencillo y sin pretensiones y a menudo cordial ("**What would you like, dear?**", "*¿Qué va a ordenar, querido?*", "**Drive safely now**", "*Maneje con cuidado*"); se come bastante bien (si lo que ordena es sencillo) por poco dinero. En ocasiones se paga en la caja.

### ● Steak houses
Tienen una atmósfera similar a la de los **family restaurants**, pero más **cowboy**; se especializan en carnes y parrillas. Se acostumbra beber cerveza.

**How would you like your eggs?** *¿Cómo desea (que le preparen) los huevos?*

Los huevos son el platillo tradicional para el desayuno (pese a las preocupaciones de los estadounidenses acerca del colesterol).

Se preparan al gusto del comensal; en todas las **coffee shops** y los **family restaurants** le preguntarán: "How would you like your eggs?" (siempre se sirven dos huevos).

Usted puede responder:

| | |
|---|---|
| fried | *fritos* |
| (o "**sunny-side up**" - lit.: "*el lado del sol hacia arriba*") | |
| over easy | *fritos y volteados en el último momento, así que están cocidos por ambos lados* |
| scrambled | *revueltos* |
| soft-boiled | *tibios* |
| hard-boiled | *duros* |

Con toda confianza puede dar aún más precisiones, por ejemplo, *dos minutos* (**two minutes**) para indicar el tiempo de cocimiento o *tiernos* (**runny**) para los huevos revueltos o tibios.

---

PARA ORDENAR LA CARNE (ordering meat)

Los cortes de carne no son los mismos que en otros países, a continuación le presentamos el nombre de algunos cortes:

**chopped steak** o **ground beef**: *carne molida*

**porterhouse steak**: corte de una zona cercana al solomillo

| | |
|---|---|
| **rib roast**: *costilla* (de res) | **sirloin**: *falso filete* |
| **rib steak**: *lomo* | **tenderloin**: *filete* |
| **rump steak**: *aguayón* | |

Según su gusto deberá precisar: **rare**, *roja;* **medium**, *término medio;* **well done**, *bien cocida* (de hecho, muy cocida).

DISTINTAS MANERAS DE PREPARAR LA CARNE

| | |
|---|---|
| **baked**: *al horno* | **grilled**: *a la parrilla* |
| **barbecued**: *a la barbacoa* | **roasted**: *asada* |
| **boiled**: *hervida* | **stewed**: *en estofado* |
| **braised**: *a fuego lento* | **stuffed**: *rellena* |
| **fried**: *frita* | |

● **Drive-in restaurants**

Ya no quedan muchos restaurantes de este tipo. Se llega en auto y los camareros lo atienden ahí mismo (¡a veces en patines de ruedas!), colocan una bandeja al lado del auto... Se encuentran más bien en las ciudades pequeñas.

● **Drive-thru restaurants**

Cuando menos una cadena de restaurantes de fast-food ha abierto "drive through restaurants". En ellos se deja la orden a la entrada (desde el auto) y cuando llega a la caja todo está listo, sólo tiene que pagar; en todo el proceso usted nunca tiene que bajar de su auto.

● **Ethnic restaurants** (restaurantes típicos)

Por regla general, los restaurantes chinos son baratos y sencillos (también tienen el sistema take-out). En California y en el suroeste (y a veces en otras regiones), se encuentran restaurantes *mexicanos* que ofrecen precios que desafían a cualquier competidor. Los restaurantes *hindúes* del East Village de Nueva York son maravillosos. En ciertas regiones (sobre todo en los Grandes Lagos) hay restaurantes de inspiración *escandinava*. Por todas partes encontrará pizzerías atendidas por italianos y, con frecuencia, también por griegos.

## Restaurantes de primera clase

● **Cafés**

En las grandes ciudades (en especial en California) y cerca de los campus, hay una gran cantidad de cafés parecidos a los europeos donde se puede comer, conversar, leer, reunirse; ofrecen varios tipos de café (express, capuchino, con leche, doble, café helado (iced coffee), además de té, moca y chocolate), ensaladas, sandwiches, etc., y su especialidad son los postres. La clientela incluye "artistas", estudiantes, jóvenes ejecutivos, profesionistas independientes, escritores, etc.

● **"Bar and grill"**

Se encuentran en las grandes ciudades, se sirven más bien platillos de buena calidad (carnes y pescados) y se brinda un servicio de cierto lujo (y además simpático). Hay muchas cenas de negocios. En este tipo de restaurantes, el agua de Évian tiene un gran éxito. Se ofrecen platillos estadounidenses y extranjeros (interpretados a la estadouni-dense) de calidad y los precios son razonables. Atención: **Bar and Grill** también puede significar "**steak house**" (ver más arriba).

● **Ethnic restaurants**

Los restaurantes japoneses (más elegantes que los chinos) son con frecuencia muy buenos. Los restaurantes *vietnamitas* y *tailandeses* tienen precios muy razonables.

## SALAD DRESSINGS *(aderezos para ensalada)*

En las **coffee-shops** y en los **family restaurants** seguramente le harán esta pregunta: "**What kind of dressing would you like?**" *("¿Qué aderezo desea?"),* y después le recitarán la lista de los clásicos: **French, blue cheese, thousand island, vinaigrette, oil and vinegar** y, tal vez, "**house**" *(de la casa).*

— **French**: las más de las veces rojizo, un poco *condimentado* (**spicy**) y *dulce* (**sweet**).

— **blue cheese**: a base de queso roquefort mezclado con aceite y vinagre.

— **thousand island**: otro aderezo agridulce, con trozos de *pepinillos* (**pickles**) dulces.

— **vinaigrette**: parecida a la que se prepara en Europa.

— "**house**": vinagreta, a veces un poco más elaborada.

En los restaurantes de *moda* (**in vogue**) y/o *naturistas* (**health food**), probablemente tendrá una gama más variada, pero más sencilla porque a menudo los nombres de los aderezos indican cuáles son los ingredientes, por ejemplo: **lemon-tahini**, limón + pasta de ajonjolí.

Si va a un restaurante barato, es preferible que se limite a una *vinagreta sencilla* (**oil and vinegar**); en los establecimientos de primera clase no dude en probar todos los aderezos. No olvide que puede preguntar al *camarero* (**waiter**) por los ingredientes: **What's in it?** *(¿De qué está hecho?).*

---

ATENCIÓN, en algunos restaurantes leerá en la carta: **minimum service** $5, cantidad mínima que usted debe consumir; por lo general va de los $3 a los $10 y se aplica en ciertos horarios (la mayoría de las veces a *la hora de los alimentos* (**meal times**)), que también aparecen en la carta.

---

Si no termina todo lo que le sirvieron en el restaurante, puede pedir que se lo envuelvan para llevar.

Tradicionalmente, esta práctica recibe el nombre de **doggy-bag** (*"bolsa para el perro"*) porque se suponía que era para el perro, pero en la actualidad basta con decir "**Would you please wrap this up for me?**" (*"¿Podría envolverme esto para llevar?"*) al levantarse de la mesa.

● **Restaurantes franceses**

Suelen ser muy *caros* (**expensive**) y a veces ostentosos, aunque también hay algunos bastante sencillos. En general, la *relación calidad/precio* ("**value for money**") es muy inferior a la que puede encontrarse en Francia.

● **Restaurantes de lujo**

Relación calidad/precio muy variable. En ocasiones, más que el refinamiento de los platillos, se compra el ambiente de lujo y el servicio. En términos generales, *las carnes a la parrilla* (**grilled meat**) y los pescados son mejores que los platillos complicados o *fritos* (**fried**) (aunque hay muchas excepciones). Ofrecen una carta de vinos bastante aceptable, un servicio muy esmerado y una amplia variedad de platillos.

LOS SANDWICHES (**sandwiches**)

En este caso, la variedad es vasta y las tradiciones, múltiples. Hay *sandwiches calientes* (**hot sandwiches**) y fríos, en preparaciones clásicas que encontrará en todas partes, especialidades regionales o creaciones. Normalmente, puede elegir el tipo de pan: *centeno* (**rye**), *integral* (**wheat**), *baguette* (**french**), *blanco* (**white**), etc. También puede pedirlo *"sin mostaza"* (**no mustard** o **hold the mustard**) o con un *ingrediente adicional* (**extra**).

*Algunos clásicos* (**some classics**)

**club sandwich**: se prepara con tres rebanadas de pan blanco intercaladas con pavo rebanado, ensalada, etc.

**B.L.T.** (**bacon, lettuce and tomato**): pan blanco, mayonesa, *rebanadas de tocino, lechuga y jitomate*.

**peanut butter and jelly**: *mantequilla de cacahuate y mermelada,* favorito de los niños, rara vez se ofrece a adultos.

**tuna**: *atún* en ensalada con mayonesa y, con frecuencia, ramitas de apio.

**egg salad**: *huevos duros picados* con mostaza y mayonesa.

y todas las carnes: **roastbeef, pastrami, turkey** (*pavo*)...

*Algunos sandwiches muy grandes* (**some very big sandwiches**)

Según la región, un sandwich preparado con un pan alargado y cinco ingredientes (o más) se conocerá como **submarine, hoagy, hero,** o simplemente **combination sandwich**. En California, puede agregarse *aguacate* (**avocado**) o algún germinado (**sprouts**) a cualquier combinación.

## CAFETERÍAS

Las **COFFEE SHOPS** sirven *desayunos* (**breakfast**) a precios muy atractivos. En los **SPECIALS** (*ofertas*; Nota: **speciality**: *especialidad*) encontrará pan tostado, huevos (**eggs** "any style", al gusto, ver recuadro), **pancakes** o **griddle cakes**, servidos con mantequilla y **maple syrup** (*jarabe de arce*), **french toast** (pan sumergido en huevo batido y frito, cf. *torreja*), etc. Muchas veces los extranjeros se sorprenden ante las mezclas de dulce y salado que se acostumbran en la cocina estadounidense y el abundante desayuno de las **coffee shops** no podía ser la excepción. En efecto, los huevos y las *salchichas del desayuno* (**sausages**, de sabor muy distinto al de los **hot dogs**) con frecuencia se comen con **pancakes** con jarabe.

En la carta que aparece al final del capítulo hay algunos desayunos, van del simple **coffee or tea** (*café o té*) acompañado con algún pan o bizcocho (**bagel, roll, muffin or donut**) hasta una comida completa. Existe una cadena de **family** (*familiar*) **restaurants** especializada en **pancakes** (**International House of Pancakes**). Las **coffee shops**, como los **family restaurants**, forman parte de la vida cotidiana de los estadounidenses, así que el visitante en busca del "Estados Unidos profundo" no debe pasarlos por alto.

Por supuesto, si desea un desayuno de lujo, puede ir a tomar el **brunch** en algún restaurante de moda.

---

### ALGO DE VOCABULARIO

**grits**: especie de sémola de cereales (a menudo salteada).

**hashed browns**: papas ralladas y cocidas en una sartén engrasada.

**home fries**: papas salteadas, más grandes que las *papas a la francesa* (**french fries**).

**Donut** (también **dough-nut**, dona - lit.: *tuerca de masa*): bizcocho dulce; probablemente le darán a elegir entre el **plain** (*natural*), **sugar** (*con azúcar*), **glazed** (*glaceada, muy dulce*), etc.

**muffin**: panecillo redondo dulce, a menudo de sabores (le darán a elegir entre: **blueberry, carrot, raisin, chocolate chip**, etc.). Un **English muffin** es una especie de **scone** (británico) aplanado, no dulce. "**Toasted Thomas**" hace alusión a una marca famosa de **English muffin**: Thomas', cf. carta, p. 48.

**Danish**: tipo de bizcocho muy dulce en forma de rollo, con pasas y con mermelada en el centro.

"**topped with**": *cubierto de* (**topping**: salsa para postre).

---

| | |
|---|---|
| aceite | oil |
| ahumado | smoked |
| almuerzo | lunch |
| amargo | bitter |
| anfitrión | host |
| aperitivo | appetizer [apitäïze'] |
| bandeja | tray |
| bebida(s) | drink(s) |
| caliente | hot |
| camarera | waitress |
| camarero | waiter |
| cliente | guest |
| carta | menu [mèniu] |
| cocido al vapor | steamed [sti:md] |
| comida | dinner |
| crudo | raw [ro:] |
| cuchara | spoon |
| cuchillo | knife (pl. knives) |
| cuenta | bill; check [chèk] |
| desayuno | breakfast |
| dieta | diet [daïet] |
| dulce | sweet |
| en puré | mashed |
| especialidad | speciality |
| frío | cold |
| hambre | hungry |
| helado | ice cream |
| invitado | guest |
| limpio | clean |
| mantel | tablecloth |
| mantequilla | butter |
| mesa | table |
| mostaza | mustard |
| ordenar | to order |
| pan | bread |
| pastel | cake |
| picante | hot; spicy [späïsi] |
| platillo agridulce | sweet and sour dish |
| platillo del día | today's special |
| platillo principal | main dish (course); entrée |
| plato | plate [pleït] |
| popote | straw |
| postre | dessert [dize:'t] |
| propina | tip |
| refrigerio | snack |

44

| | |
|---|---|
| salado | salty [so:lti] |
| servilleta | napkin |
| sopa | soup |
| tallarines | noodles |
| taza | cup |
| tazón | bowl |
| tenedor | fork |
| vaso | glass |
| verduras crudas | raw vegetables |
| vinagre | vinegar [vinige<sup>r</sup>] |

## LEGUMBRES (vegetables)

| | |
|---|---|
| acedera | sorrel |
| aguacate | avocado [aveuka:deu] |
| alcachofas | artichoke |
| apio | celery |
| arroz | rice [raïs] |
| berenjena | eggplant |
| berro | watercress |
| betabel | beet |
| brócoli | broccoli |
| calabacita | squash; zucchini |
| camotes | sweet potatoes |
| cebollas | onions |
| centeno | rye [raï] |
| col | cabbage ['kabidj] |
| colecitas de Bruselas | brussels sprouts |
| coliflor | cauliflower |
| champiñón | mushroom |
| chícharos | peas |
| chile | chili; hot pepper |
| endivia | endive [èndiv] |
| espárragos | asparagus [esparges] |
| espinacas | spinach [spinidj] |
| frijoles | beans [bi:nz] |
| blancos | max beans |
| colorados | kidney beans |
| verdes | green beans |
| jitomate | tomato |
| lechuga | lettuce [lètis] |
| lentejas | lentils |
| maíz | corn |
| nabo | turnip |
| papas | potatoes, ''spuds'' |

45

| | |
|---|---|
| pepinillo | gherkin [ge:ˈkin] pequeño; pickle (grande) |
| pepino | cucumber [kiu:koembeʳ] |
| pimiento verde | green pepper |
| poros | leeks |
| quimbombó | okra |
| rábanos | radishes |
| trigo | wheat |
| zanahoria | carrot |

## CARNES (meats)

| | |
|---|---|
| anadón | duckling |
| animales de caza | game, venison |
| aves | poultry, fowl |
| búfalo | buffalo |
| cabra | goat |
| carnero | mutton |
| cerdo | pork |
| codorniz | quail |
| conejo | rabbit |
| cordero | lamb |
| costilla | chop (carnero, puerco); cutlet (ternera) |
| estofado | stew [stiu], casserole, pot roast |
| faisán | phaesant [fèzent] |
| ganso | goose |
| hígado | liver |
| jamón | ham |
| lechecillas | sweetbreads |
| liebre | hare [hè-eʳ] |
| menudencias | "chitlins", chitterlings |
| pato | duck |
| pavo | turkey |
| perdiz | partridge |
| pichón | squab |
| pierna de cordero | leg of lamb |
| pollo | chicken |
| res | beef |
| riñones | kidneys |
| salchicha | sausage [sosidj] |
| ternera | veal |
| venado | deer |

## MARISCOS (sea food) Y PESCADOS (fish)

| | |
|---|---|
| abadejo | haddock |
| almejas | clams |
| anchoas | anchovies [anchevis] |
| anguila | eel [i:l] |
| arenque | herring |
| atún | tuna [tu:ne] |
| bacalao fresco | cod |
| bacalao seco | stockfish |
| caballa | mackerel |
| calamar | squid |
| camarones | shrimps, prawns (grandes) |
| cangrejo | crab |
| cangrejo de río | crawfish, crayfish |
| esturión | sturgeon |
| langosta | spiny lobster, cape lobster |
| langostino | scampi, prawn [pro:n] |
| lucio | pike [païk] |
| mejillón | mussel |
| mero | grouper |
| moluscos | shellfish |
| ostión, ostra | oyster [oïsteʳ] |
| pez espada | swordfish [so:ʳfish] |
| robalo | sea bass |
| rodaballo | halibut |
| salmón | salmon [samen] |
| tortuga | turtle |
| trucha | trout [traut] |

## FRUTAS (fruits)

| | |
|---|---|
| arándano | blueberry |
| avellana | hazelnut |
| calabaza | pumpkin |
| cerezas | cherries |
| ciruela | plum |
| ciruela pasa | prune |
| coco | coconut |
| chabacano, alabaricoque | apricot |
| durazno, melocotón | peach [pi:ch] |
| dulce de manzana | applesauce |
| fresa | strawberry |
| limón | lemon |
| mandarina | tangerine |
| manzana | apple |
| naranja | orange [orindj] |

| nuez | nut | sandía | watermelon |
| pera | pear [pè:eʳ] | toronja | grapefruit [gréïpfru:t] |
| piña | pineapple | uvas | grapes |
| plátano | banana [bana:ne] | | |

## HIERBAS AROMÁTICAS Y ESPECIAS (herbs and spices)

| ajo | garlic | jengibre | ginger |
| albahaca | basil | menta | mint |
| azafrán | saffron | perejil | parsley |
| canela | cinnamon | perifollo | chervil |
| cebollino | chives [chaivz] | pimentón | paprika [pepri:ke] |
| comino | cumin [koemin] | pimienta | pepper |
| condimentado | spicy, hot | sal | salt |
| estragón | tarragon | tomillo | thyme [taïm] |

---

### COFFEE SHOP & DELICATESSEN

| Breakfast Specials | | "SPECIAL"<br>Coffee or tea and bagel, roll, muffin or donut 1.35 |
|---|---|---|
| No. 1<br>TWO EGGS, any style<br>with Patatoes or Grits<br>and Toast<br>1.95 | No. 2<br>TWO EGGS,<br>Potatoes or Grits<br>Toast and Coffee or tea<br>2.35<br>with BACON, HAM or<br>SAUSAGE<br>3.35 | No. 3<br>FRENCH TOAST<br>and Coffee or Tea<br>2.35<br>with BACON, HAM or<br>SAUSAGE<br>3.35 |
| No. 4<br>PANCAKES<br>Coffee or Tea<br>2.35<br>with BACON, HAM or<br>SAUSAGE<br>3.35 | No. 5<br>TWO PANCAKES topped with<br>two eggs, any style<br>Coffee or Tea<br>2.75 | No. 6<br>CORNED BEEF HASH,<br>& ONE EGG<br>with Potatoes or Grits,<br>Toast and Coffee or Tea<br>3.95 |
| No. 7<br>Egg and Grilled Ham<br>Topped with Melted Cheese<br>Served on a Toasted Thomas<br>2.45 | No. 8<br>CHOICE OF OMELETTE<br>Cheese, Western, Ham, Bacon, Mushroom, Pepper & Onion<br>Served with Potatoes or Grits, Home Fries and Toast<br>Coffee or Tea<br>3.95 | |
| *Elija su desayuno* | | |

48

# 4

## BEBIDAS (drinks)

- Agua (water)

- Refrescos (soft drinks)

- Té (tea)

- Café (coffee)

- Bebidas alcohólicas (alcohol)

- Cerveza (beer)

- Licores (liquor)

- Vino (wine)

● AGUA (water)

En Estados Unidos se bebe mucha agua, hay *bebederos* (**water fountain**) en los lugares públicos, los edificios privados, las universidades, las plazas y los jardines. En todos los restaurantes, no bien se haya sentado, le habrán servido un *vaso lleno de hielo y con un poco de agua* (**glass of ice water**).

El éxito del agua de Perrier entre los "ejecutivos jóvenes y los dinámicos" se debe a la imagen sofisticada que los publicistas han creado en torno a ella. En todos los supermercados venden botellas de agua de manantial; la mayoría de las veces se trata de botellas de plástico grandes que contienen un *galón* o *medio galón* (**gallon jug** = 4 litros; **half gallon jug**). Sin embargo, los estadounidenses aún no han aceptado masivamente el *agua mineral* o el *agua de manantial* (**mineral water, spring water**).

El hielo también tiene una gran importancia en la preparación de las bebidas. Ya sea *picado* (**crushed ice**) o en *cubos* (**ice cube**), siempre se sirve en grandes cantidades. Se acostumbra *llenar* (**to fill**) el *vaso* (**glass**) con dos terceras partes de hielo y el resto con la bebida deseada. ¡Cuántos extranjeros no se extasían o sorprenden ante los grandes refrigeradores estadounidenses equipados con un surtidor automático de hielo en cubos o picado!

● REFRESCOS (soft drinks)

El consumo de refrescos es común desde hace varios años en muchos países. No obstante, en Estados Unidos resulta algo desconcertante la preocupación que existe por satisfacer el más mínimo deseo de los consumidores. Si se cansan de las bebidas de "cola", se crean otros *sabores* (**flavors**); si está de moda no tomar azúcar, se la reemplaza por toda una gama de *edulcorantes* (**sweetener**) para obtener *bebidas dietéticas* (**diet drink/light drink**); si se hastían del nuevo sabor, de inmediato se les ofrece una *nueva fórmula* (**new formula**).

● TÉ (tea)

Aunque la Coca-Cola se considera la bebida nacional, en Estados Unidos también se beben grandes cantidades de té y café. Se puede acompañar las comidas con *té helado* (**iced tea**), sobre todo en época de calor, aunque generalmente se trata de *té en polvo* (**instant tea**). Si desea té *caliente* (**hot**), no olvide mencionarlo, pues en ciertas regiones, por costumbre, se lo servirán frío.

— Me muero de sed.
  **I'm dying of thirst.**

— ¿Le traemos alguna bebida? ¿Caliente o fría?
  **How about a drink? Hot or cold?**

— Tráigame un vaso de agua.
  **I'll have a glass of water.**

— ¿Dónde está el bebedero más cercano?
  **Where is the nearest drinking (water) fountain?**

— Por favor, tráigame un vaso de agua sin hielo.
  **I'd like to have a glass of water without ice, please.**

— Disculpe, no servimos agua mineral.
  **Sorry, we do not serve mineral water.**

— Este envase es retornable; no lo tire.
  **This is returnable bottle; do not throw it away.**

— ¿Los franceses de verdad creen que el agua mineral cura las enfermedades?
  **Do French people, really believe that mineral water can cure diseases?**

— Tome todo el hielo que quiera.
  **Help yourself to as much ice as you want.**

— Sólo se permiten bebidas no alcohólicas en estos lugares.
  **Soft drinks only allowed on premises.**

— ¿Dónde puedo encontrar un despachador automático de refrescos?
  **Where can I find a soda machine?**

— ¿Puede traerme vino para acompañar mi soufflé de queso?
  **Could I have wine with my cheese souffle?**

— Cambié de opinión; mejor una coca de dieta.
  **I changed my mind; make it a diet-cola.**

— Me gustan las bebidas heladas.
  **I like my drinks ice cold.**

— ¿Qué otros sabores tiene? ¿Tiene de uva?
  **What other flavors do you have? Do you have grape?**

— ¿Desea otra jarra de té helado?
  **Would you care for another pitcher of ice tea?** **OO**

# 4 BEBIDAS (drinks)

● CAFÉ (coffee)

El café estadounidense no goza de buena reputación, pues muchos extranjeros lo encuentran demasiado *flojo* (**weak**). En el norte del país, la gente bebe docenas de *tazas* (**cup**) sin que ello le afecte demasiado. Se trata de *café filtrado* (**percolated coffee**), que se mantiene caliente por varias horas. Si desea un "café de verdad", *café fuerte* (**strong coffee**), debe ordenar un **expresso**. Atención: la expresión inglesa **real coffee** designa al café de grano molido y filtrado y se opone a **instant coffee** (*café en polvo*).

Muchos estadounidenses beben café en el desayuno, pero también para acompañar otras comidas. En muchos restaurantes, la camarera llenará su taza cuantas veces lo desee usted (**automatic refill**) por el precio de un café. A menudo el café se bebe con "crema" (**cream**), que puede ser **non-dairy creamer** (de origen vegetal).

Cabe señalar que, tanto por motivos religiosos como de salud, una proporción considerable de estadounidenses, en particular los mormones, se oponen activamente a cualquier tipo de excitante: té, café, cigarrillo y, por supuesto, al alcohol.

● BEBIDAS ALCOHÓLICAS (alcohol o liquor)

En la mentalidad de los estadounidenses quedan vestigios de la *prohibición* (**prohibition**), por ello el *consumo de alcohol* (**alcohol consumption**) continúa siendo muy reducido en ciertos medios. El consumo se concentra más bien en los *licores* (**liquor**) (atención, digestivo se dice **liqueur**, con acento en la segunda sílaba), la cerveza y el vino. Aunque en los últimos veinte años ha desaparecido la mayoría de los *"condados secos"* (**dry county**), en muchos de ellos, debido a restos de puritanismo se prohíbe legalmente, a través de las *leyes azules* (**blue laws**), la venta y el consumo de alcohol el "día del señor" (domingo). En algunos estados, sólo puede adquirirse alcohol en las **state liquor stores** (monopolio del Estado); asimismo, en muchos otros se prohíbe que los jóvenes menores de 21 años (aunque oficialmente sean mayores de edad a partir de los 18) adquieran o consuman alcohol en lugares públicos. Así que un joven no debe sorprenderse si le piden una identificación para probar que es *mayor de edad* (**to be "of age"**).

Por otra parte, no todos los restaurantes tienen el permiso requerido para servir bebidas alcohólicas (**a liquor license**).

● — ¿Bebe el té con limón?
   **Do you like lemon with your tea?**

— Disculpe, pero en realidad lo que quería era té caliente...
   **Sorry, what I wanted actually was hot tea...**

— ¿Prefiere el té con azúcar o sin azúcar?
   **Do you prefer your tea sweetened or unsweetened?**

— Sólo tomo edulcorantes./**I only use artificial sweeteners.**

— Aquí tiene café recién hecho./**Here is fresh coffee.**

— ¿Prefiere el café con crema o negro?
   **Do you like your coffee with cream or black?**

— ¿Con azúcar o crema?/**Sugar or cream?**

— Café de grano o instantáneo, me es indistinto.
   **Real or instant coffee, it makes no difference to me.**

— Acompañaré la comida con café.
   **I'll drink coffee with my meal.**

— ¿Le sirvo más café?
   **Are you ready for a refill?**

— Éste es el café recién molido.
   **This is fresh ground coffee.**

— ¿Café para todos?/**Coffee, everybody?**

— El café y el té me producen insomnio.
   **Coffee and tea keep me awake.**

— Jamás bebo eso./**I never touch the stuff.**

— El café es malo para la salud.
   **Coffee is bad for your health.**

● — Lo lamento pero no servimos bebidas alcohólicas.
   **Sorry, we do not serve alcohol.**

— En este condado, los domingos se prohíbe la venta de
   bebidas alcohólicas.
   **There is a Sunday ban on the sale of alcoholic beverages in
   this county.**

— ¿Dónde queda la vinatería más cercana?
   **Where is the nearest liquor store?**

— ¿Es usted mayor de edad? ¿Tiene una identificación que lo
   demuestre?
   **Are you of age? Do you have an ID to prove it?**

# 4   BEBIDAS (drinks)

● CERVEZA (beer)

Es la bebida alcohólica más común. Se consumen enormes cantidades en las **parties** y ante la televisión durante los partidos de futbol.
Para los adolescentes, su consumo representa una especie de rito
de pasaje a la edad adulta: beben cerveza en exceso en las reuniones de
la universidad, en las playas de Florida durante las vacaciones de primavera, etc. Cuando son menores de edad (**under age**), no dudan
en pedir a sus padres o a un amigo adulto que se la compren.

● LICORES (liquor)

En los cócteles y fiestas de grupos de mayor edad y situación más
acomodada, se beben martinis, ginebra, vodka, **whiskey** (ortografía
estadounidense), **bourbon** (que lleva el nombre del condado del
estado de Kentucky donde se originó) y brandy *solos* (**straight**), *en
las rocas* (**on the rocks**) y sobre todo mezclados entre sí o con jugos
de frutas o soda (**cocktails**).

● VINO (wine)

El consumo de vino está aumentando rápidamente en Estados
Unidos, donde esta bebida tiene una imagen de sofisticación.

Mientras en países como Francia se acostumbra designar a los
vinos por su origen geográfico, en Estados Unidos se hace más bien
por la *variedad* (**varietal**) que domina: merlot, cabernet-sauvignon,
chardonnay. Hay vinos de California, pero también de Nueva York,
Michigan y otros estados.

En Estados Unidos existen vinos de todos tipos: *blanco* (**white**),
*tinto* (**red**), *rosado* (**rosé**), *seco* (**dry**) y *dulce* (**sweet**) y de todas pro-
cedencias. En efecto, se venden muchos vinos locales (de California
—a menudo tan buenos como los franceses—, Nueva York, Michigan, Ohio...) y *extranjeros* (**foreign**). Por supuesto, estos últimos
provienen de Europa (Italia, España, Francia, Portugal, Suiza, Grecia,
Hungría...), pero también del resto del mundo (Argentina, Chile,
Australia, Nueva Zelanda, Sudáfrica...). En una visita a una **liquor
store** se puede dar una verdadera vuelta al mundo.

En algunas recepciones es posible que lo inviten a ser juez, ya sea
por *orgullo* (**pride**) o para que dé su *opinión* (**opinion**) sobre los
diversos vinos. (¡La mezcla puede ser peligrosa!)

● — Sólo se sirven cócteles en el bar.
Cocktails are served only at the bar.

— Beberé whiskey solo.
I'll have my whiskey straight.

— Esta bebida está muy fuerte. / This is really strong struff.

— ¿Qué tal si bebemos la del estribo?/(lit.: un gorro de noche)
How about a nightcap?

— Este licor es de 50 grados./ This liquor is a hundred proof.

— Yo pago esta bebida.
This drink is on me.

— La casa invita.
This is on the house/Compliments of the house.

● — ¿Desea otro poco de vino?
Would you like a bit more of this wine?

— ¿Qué le parece este vino espumoso de Nueva York?
How do you like this New York champagne?

— ¡Dígame hasta dónde (lleno su vaso)!
Just say when! (cuando se sirve de beber)

— Aprenda a decir NO (lit.: sepa decir "¡ya es suficiente!").
Know when to say when. (publicidad contra el alcohol)

— Es abstemio./He is a tee-totaller.

— Está ebrio, borracho./Bebió de más.
He is drunk, tipsy./He's had one too many.

— Tiene resaca./He's got a hangover.

---

— En Estados Unidos la graduación del alcohol de las bebidas se indica en proof. Para saber los grados de alcohol, sólo divida esta cifra entre dos, por ejemplo: 80 proof = 40°.

— El verdadero Bourbon viene del condado de Bourbon, Kentucky. Lo hay straight (*no mezclado*), o blended (*mezcla de varios bourbons*).

— Ciertas temporadas se consideran más peligrosas que otras para conducir en carretera; en particular, el largo fin de semana de Thanksgiving (cuarto jueves de noviembre), el día de conmemoración de la independencia (Fourth of July) y el fin de semana del Labor day (día del trabajo, primer lunes de septiembre).

Se dice que en estas fechas los estadounidenses beben más que de costumbre y, por consiguiente, no conducen muy bien...

## LOS VINOS ESTADOUNIDENSES

En Estados Unidos, el consumo del vino va en aumento, lo cual probablemente se deba a que la calidad mejora año con año. Las *cepas* (grapes) se importaron de Europa, en su mayoría el siglo pasado; son de origen francés, alemán, italiano e incluso húngaro.

Las principales regiones de producción vitivinícola son: California (de donde proviene 3/4 de la producción estadounidense), el norte del estado de Nueva York, Virginia, Oregon... Los vinos más famosos son los californianos.

## ALGUNAS CEPAS DE VINO TINTO DE BUENA CALIDAD

El **Cabernet-Sauvignon** es el más famoso; *seco* (dry) y *afrutado* (fruity), aún debe añejarse algunos años para parecerse a los vinos de la región bordalesa de Médoc; se trata de un vino joven y algo ácido, pero bueno.

El **Gamay**, de sabor agradable si se bebe fresco, *ligero* (light). (También está el **Gamay-Beaujolais**, que en realidad es una variedad del **Pinot noir**).

El **Merlot**, muy afrutado, menos ácido que el **Cabernet Sauvignon**.

El **Pinot noir**; de sabor agradable, seco; los mejores son los suaves.

El **Zinfandel**, muy afrutado; los que provienen de regiones soleadas tienen cuerpo.

## ALGUNAS CEPAS DE VINO BLANCO DE BUENA CALIDAD

El **Chardonnay**, de *aroma* (bouquet) intenso; su sabor distintivo se debe a que envejece en barriles de roble.

El **Chenin blanc**, afrutado; se bebe como aperitivo o con el postre.

El **Fumé blanc**, seco, de sabor muy pronunciado; se bebe antes de la comida o para acompañarla.

El **Gewurztraminer**, de sabor agradable, afrutado, "fuerte".

El **Johannisberg-Riesling**, algo dulce; muy perfumado y afrutado.

**Nota:** A menudo las etiquetas de las botellas contienen información acerca del vino: procedencia, sabor, platillos con que se recomienda beberlo. En los supermercados con toda confianza puede bajar una botella de los anaqueles para verla con cuidado y en las vinaterías puede pedir recomendaciones a los vendedores, que suelen ser muy competentes.

A diferencia del Chablis francés, el **Chablis** californiano es un vino de mesa de calidad mediana. Por regla general, ¡evite los más baratos!

### LOS MEJORES AÑOS DE LOS VINOS CALIFORNIANOS

| | 1: muy bueno; | 2: bueno; | 3: regular. | |
|---|---|---|---|---|
| Año | tinto | Año | tinto | blanco |
| 1968 | 1 | 1978 | 1 | 2 |
| 1969 | 3 | 1979 | 3 | 1 |
| 1970 | 1 | 1980 | 2 | 1 |
| 1971 | 2 | 1981 | 2 | 3 |
| 1972 | 3 | 1982 | 2 | 2 |
| 1973 | 1 | 1983 | 2 | 2 |
| 1974 | 1 | 1984 | 1 | 1 |
| 1975 | 2 | 1985 | 1 | 1 |
| 1976 | 1 | 1986 | 1 | 2 |
| 1977 | 2 | 1987 | 2 | 1 |
| | | 1988 | 2 | 2 |

| | |
|---|---|
| a temperatura ambiente | unchilled, at room temperature |
| agua | water |
| beber | to drink |
| botella | bottle |
| burbujeante | sparkling |
| café | coffee |
| café instantáneo | instant coffee |
| caro | expensive |
| cerveza | beer |
| con/sin azúcar | sweetened/unsweetened |
| corcho | cork |
| crema | cream |
| ¿cuánto? | how much? |
| destapador | bottle opener |
| dulce | sweet |
| frío | cold |
| helado | chilled |
| hielo | ice |
| hielo picado | cracked ice |
| jerez | sherry |
| jugo de frutas | fruit juice |
| leche | milk |
| licor, bebida alcohólica | liquor, alcohol |
| media botella | half a bottle |
| no endulzado | unsweetened |
| no mezclado | straight |
| oporto | port |
| probar | to taste, to try |
| ron | rum |
| ronda | round |
| seco (vino) | dry |
| soda, agua gaseosa | soda water |
| taza | cup |
| té | tea |
| té helado | ice tea |
| vaso | glass |
| vino blanco | white wine |
| vino rosado | rosé wine |
| vino tinto | red wine |

## ALGUNAS RECETAS DE CÓCTELES

**BLOODY MARY**: 2 *medidas* (**jiggers**) de *jugo de tomate* (**tomato juice**), un *chorrito* (**a dash**) de salsa inglesa o Tabasco, 1 medida de vodka, 1/3 de medida de *jugo de limón* (**lemon juice**). Agregue sal y pimienta y agite (**to shake**) con *hielo picado* (**crushed ice**).

**DAIQUIRÍ**: 1 1/2 medidas de ron blanco, un poco de jugo de *limón verde* (**lime**) y 1 *cucharadita* (**teaspoon**) de *azúcar* (**sugar**), se sirve con *hielo* (**ice**).

**DIXIE**: El jugo de 1/2 naranja, 1/2 medida de jarabe, 1 medida de bourbon o de ginebra y unas *gotas* (**drops**) de *granadina* (**grenadine**).

**DRY MARTINI**: 1 medida de Martini blanco seco, 4 medidas de ginebra y se adorna con una *aceituna verde* (**green olive**).

**MAI TAI**: 1 medida de ron, 1/2 de curaçao, 1/2 medida de jugo de limón verde.

**MANHATTAN**: 1 medida de bourbon y 1/3 de medida de vermut rojo, se adorna con una *cereza en almíbar* (**maraschino cherry**).

**MARGARITA**: 1 medida de tequila, 1/2 medida de jugo de limón verde, 1/2 medida de jarabe, el borde de la copa se escarcha con sal.

**SCREWDRIVER**: vodka y jugo de naranja.

**SIDE CAR**: 1/2 medida de brandy, 1/2 de jarabe y 1/2 de jugo de limón.

**WHISKEY SOUR**: una medida de bourbon, el jugo de 1/2 limón, un poco de azúcar. Se adorna con una *rodaja* (**slice**) de naranja.

También se sirven mezclas de bebidas alcohólicas con bebidas gaseosas como ron con coca, ginebra con agua quinada y el **tequila sunrise**.

**TEQUILA SUNRISE**: 1 medida de tequila, el jugo de 1/2 limón, 1/3 de medida de granadina y soda.

**5**

**PASEOS EN LA CIUDAD
(getting around town)**

- Cómo orientarse en el centro
  (finding one's way downtown)

- Cómo orientarse en los suburbios
  (finding one's way in the suburbs)

- Caminatas
  (getting around on foot)

- Transporte público
  (public transportation)

59

Cuando visita una ciudad, el turista debe desplazarse mucho, ya sea *a pie* (**on foot**), en auto o en el *transporte público* (**public transportation**) disponible. Probablemente lo sorprenda el hecho de que en Estados Unidos se camine muy poco, salvo en ciudades grandes como Nueva York y en ciudades bonitas o turísticas como Washington, San Francisco y Boston. Al principio, el trazado de las calles resulta un poco confuso (se tiene la impresión de que todas las calles se parecen), pero muy pronto, una vez que se comprende el sistema, se vuelve una ayuda para *orientarse* (**to find one's way**).

En general, el precio, la organización y el mantenimiento del transporte público son menos convenientes que en otras naciones. Sin embargo, el país está haciendo grandes esfuerzos por mejorar en este rubro.

De igual forma, resulta sorprendente la relativa fluidez de la circulación de autos en el *centro de las ciudades* (**city center**), mientras que en las *vías* (**lane**) que comunican a los suburbios se producen *embotellamientos* (**traffic jam**) gigantescos por las mañanas y las tardes, cuando los empleados se dirigen a su lugar de trabajo o regresan a casa.

● CÓMO ORIENTARSE (**finding one's way**) EN EL CENTRO

En el centro de muchas de las ciudades grandes, uno se puede orientar fácilmente gracias al trazado de las *calles* (**street**) (este-oeste) y las avenidas (norte-sur) que delimita las *cuadras* (**city blocks**). Basta con poner atención en el sistema de referencia de la numeración. Por ejemplo, la ciudad puede dividirse en cuatro barrios a partir de la *vía del ferrocarril* (**railroad**) y la *calle principal* ("**main**" **street**) que la atraviesa perpendicularmente. De este modo, hay un barrio **SW** (**southwest**), uno **SE** (**southeast**), uno **NW** (**northwest**) y uno **NE** (**northeast**). Por ello, hay direcciones del tipo: intersección de la calle 13 sur y la avenida 5 oeste (**intersection of 13th street South and 5th avenue West**).

Las expresiones **downtown**, **midtown** y **uptown** se refieren tan sólo a la numeración de las calles: al principio nos encontramos en el **downtown** (que corresponde al centro geográfico e histórico de la ciudad) y al final, en los números más grandes, en el **uptown**. Entre estos dos, naturalmente, está el **midtown**. Hoy en día, en la mayoría de las ciudades de Estados Unidos **downtown** sólo significa "barrio de negocios".

— ¿Cómo puedo orientarme? ¿Hay algún punto de referencia al que pueda dirigirme?
How will I find my way around? Is there a landmark I can direct myself to?

— Disculpe señor, ¿podría decirme cómo llegar de aquí al Museo Guggenheim?
Excuse me, sir; could you tell me how to get to the Guggenheim Museum from here?

— Queda muy cerca, puede ir a pie.
It is within easy walking distance.

— Hay una tienda de regalos a su derecha, pasando la calle 54.
There is a gift shop on your right, just after 54th street.

— Este estacionamiento está reservado para nuestros clientes.
This parking lot is reserved for our customers.

— En su lugar, yo tomaría un taxi; está muy lejos para ir a pie.
If I were you I'd hail a cab; it's too long a walk.

— Me temo que le dieron mal las indicaciones.
I am afraid they gave you the wrong directions.

— ¿Esta línea (del metro) hace parada en la calle 96?
Does this train stop at 96th street?

— ¿Me conviene tomar el tren expreso o el que hace paradas intermedias?
Should I take the express or the local train?

— Debería transbordar y tomar la línea 2.
You should transfer to a number 2 train.

— ¿Cuánto cuesta el boleto?
What's the fare?

— Se prohíbe cruzar la calle cuando el semáforo de peatones está en rojo.
Jaywalking is strictly forbidden.

— Trataré de alcanzar el tren de las 19:45 para Newark en el andén 5.
I'll try to catch the 7:45 train to Newark on platform 5.

— No me molesta transportarme todos los días.
I do not mind commuting every day.

Para calcular las distancias, puede preguntar a los habitantes de la ciudad, quienes normalmente saben cuántas calles y avenidas hay por **milla**; también puede preguntarles a qué altura se encuentra el número que busca. En las ciudades de trazado muy regular, todos los números que empiezan por 1 están en la calle 1 y 2, etc. En ciudades como Nueva York, de trazado menos regular, puede consultar los planos que se incluyen en la *guía telefónica* (**telephone book/directory**). Ahí encontrará con facilidad entre qué calles se encuentra el 825 de la West End Avenue.

● CÓMO ORIENTARSE EN LOS SUBURBIOS (**finding one's way in the suburbs**)

En los suburbios modernos es mucho más difícil orientarse. Así como en el centro de las ciudades predomina la línea recta, en estas zonas predominan las curvas. Y, para complicar aún más las cosas, los ayuntamientos locales se las han ingeniado para dar el mismo nombre a una vía, calle, un *paseo* (**way**), un *bulevar* (**boulevard**), un *callejón* (**alley**)... De manera que encontraremos **Crescent Road**, **Crescent Street**, **Crescent Lane**, **Crescent Alley**, sin contar los **circle**, **terrace**, **court** y otras denominaciones.

Como no hay *mapas de la ciudad* (**city map**) a disposición de los automovilistas en las orillas de las carreteras, los estadounidenses acostumbran dar indicaciones para llegar a un lugar con base en *puntos de referencia* (**landmarks**) fáciles de identificar: *salida de la carretera* (**highway exit**), *iglesia* (**church**), *centro comercial* (**mall**), *cruce* (**intersection**)... Cabe señalar que en la noche es poco probable encontrar peatones a quienes *pedir indicaciones* (**to ask for directions**).

● CAMINATAS (**getting around on foot**)

Por regla general, las ciudades estadounidenses están hechas para que sus habitantes no tengan la necesidad de caminar o exponerse a la intemperie: se facilita al máximo la vida del automovilista, lo que casi siempre complica la de los *peatones* (**pedestrians**).

Sólo en las ciudades grandes como Nueva York, Chicago o San Francisco la gente se desplaza a pie para ir al trabajo o de compras. Estos desplazamientos masivos tienen lugar en la mañana, la noche y la *hora del almuerzo* (**lunch time**).

— Viven en la calle 85 este, cerca del cruce con la avenida 5.
**They live on the 85th street east, near the intersection of 5th Avenue.**

— La tienda que busca está a cinco cuadras al sur/norte de esta avenida.
**The store you are looking for is five blocks down/up the avenue.**

— El restaurante se ubica en el cruce de la calle 96 y Broadway.
**The restaurant is located on 96th and Broadway.**

— ¿Dónde puedo encontrar una parada de autobús/una estación del metro?
**Where do I find a bus stop/a subway station?**

— Siga dos cuadras hacia el norte y dé vuelta a la derecha.
**Drive (en auto)/walk (a pie) two blocks north and make a right.**

— ¿Podría llevarme a la terminal aérea del centro?
**Could you take me/give me a ride to the downtown air terminal?**

— ¿En qué piso viven los Smith? ¿En el 16o.? (atención, **floor** se refiere a nivel).
**What floor do the Smiths live on? The 16th.?**

— Viven en el departamento 16 C, el tercero a la izquierda en el 16o. piso.
**They live in apartament 16 C, the third one to your left on the 16th floor.**

— El museo está aquí enfrente; no hay modo de que se pierdan (lit.: lo pierdan).
**The museum is straight ahead; you can't miss it.**

— ¿A cuántas cuadras de la alcaldía está su oficina?
**How many blocks from City Hall is your office?**

---

En la calle, tenga cuidado de no mirar a los ojos con insistencia a las personas. Esto incomoda a la mayoría de los estadounidenses y puede significar que encontró a algún conocido. Si mira así a una persona, ésta se sentirá obligada a saludarlo o le preguntará qué quiere. Si se trata de un *mendigo* (**beggar**), irá a pedirle limosna.

# PASEOS EN LA CIUDAD (getting around town)

Le resultará divertido ver a mujeres bien vestidas (de traje sastre y chalina) calzadas con zapatos tenis que caminan rápidamente por las *aceras* (sidewalk). En una bolsa de plástico llevan los zapatos formales que se pondrán en el trabajo.

En ciudades más pequeñas, o incluso en ciudades como Atlanta, los edificios están concebidos para que los empleados y los *clientes* (shoppers) no tengan que salir al *aire libre* (out in the open). Pueden pasar directamente de un *estacionamiento cubierto* (parking garage) a las oficinas, tiendas, restaurantes, hoteles, o incluso de un edificio a otro por pasajes cubiertos construidos a manera de puentes.

● TRANSPORTE PÚBLICO (public transportation)

Todas las ciudades cuentan con transporte público: autobuses, taxis y algunas veces *tranvías* (street car en San Francisco y Nueva Orleáns) o *metro* (subway en Nueva York, Washington, Atlanta, San Francisco...) Con frecuencia, los autobuses van por las principales avenidas (norte-sur) y otras calles (este-oeste). Por ejemplo, los **crosstown buses** de Manhattan sirven para enlazar las *líneas de metro* (subway lines) que corren a lo largo de las avenidas. En lo general no existen *abonos* (pass) diarios o semanales con una tarifa reducida. Hay *líneas suburbanas* (commuter lines) que rodean la mayor parte de los grandes centros urbanos.

Los taxis se identifican fácilmente por su color (amarillo en Nueva York: **Yellow cabs**), no esperan a los pasajeros en sitios de taxis, sino que se detienen cuando se les *hace parada* (to hail/flag a cab). Circulan tantos taxis en el centro que la espera jamás es larga.

● OBSERVACIONES

— Si bien en las grandes ciudades turísticas los visitantes pueden desplazarse con bastante facilidad sin auto, no sucede lo mismo en el resto de las ciudades; en estas últimas las distancias entre el barrio de negocios, las zonas habitacionales, las diversiones y las tiendas (supermercados y centros comerciales) son enormes.

— Tenga cuidado al cruzar la *calle* (street); más vale respetar los *semáforos* (traffic lights), sobre todo en las ciudades pequeñas, donde la gente es más respetuosa de las leyes. Cruzar las calles fuera de los *pasos de peatones* (crosswalk) a menudo constituye un delito menor llamado **jaywalking**.

| | |
|---|---|
| abono semanal | weekly pass |
| acera | sidewalk |
| autobús | bus |
| bajar (de un transporte) | to get off, to get out |
| barrio | neighborhood, ''part of town'' |
| buscar | to look for |
| calle | street |
| callejón | alley |
| caminar | to walk |
| correspondencia (de transportes) | connection |
| cruce | intersection |
| cuadra | block |
| derecha | right |
| encontrar | to find |
| enlazar | to link |
| estación | station |
| ficha | token [teuken] |
| hacer parada a un taxi | to hail a taxi/to flag a taxi |
| horario | schedule [skèdiul] |
| izquierda | left |
| línea | line |
| línea suburbana | commuter line [kemiute$^r$] |
| llegar | to get to |
| metro | subway |
| parada | stop |
| pasajero | passenger |
| paso de peatones | crosswalk |
| peatón | pedestrian |
| primero | first |
| puente | brigde |
| siguiente | next |
| suburbio | suburb |
| tarifa (del transporte) | fare [fè-e$^r$] |
| taxi | cab |
| taxímetro | meter [mi:te$^r$] |
| torniquete | turnstile [te:$^r$nstaïl] |
| transbordar | to transfer/to change |
| transporte | transportation |
| último | last |
| vagón | car |

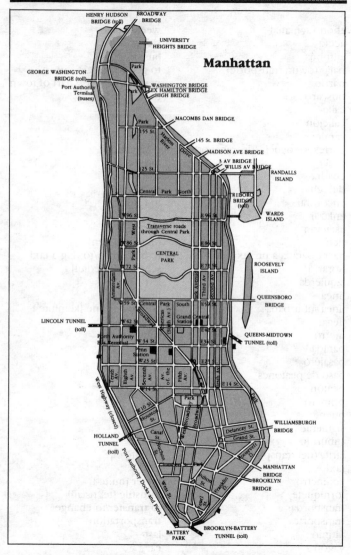

Manhattan

HENRY HUDSON BRIDGE (toll)
BROADWAY BRIDGE
UNIVERSITY HEIGHTS BRIDGE
GEORGE WASHINGTON BRIDGE (toll)
Port Authority Terminal (buses)
WASHINGTON BRIDGE
ALEX HAMILTON BRIDGE
HIGH BRIDGE
MACOMBS DAN BRIDGE
145 St. BRIDGE
MADISON AVE BRIDGE
3 AV BRIDGE
WILLIS AV BRIDGE
RANDALLS ISLAND
TRIBORO BRIDGE (toll)
WARDS ISLAND
Park
155 St.
Harlem River
Drive
125 St.
Central Park North
W 96 St.
E 96 St.
Transverse roads through Central Park
W 86 St.
E 86 St.
CENTRAL PARK
West
Park
W 72 St.
E 72 St.
ROOSEVELT ISLAND
W 59 St.
Central Park South
E 59 St.
Amsterdam Av.
Park Avenue
Third Av.
Second Av.
QUEENSBORO BRIDGE
LINCOLN TUNNEL (toll)
W 42 St.
Broadway
Americas (Sixth Av.)
Grand Central Station
E 42 St.
Port Authority Bus Terminal
W 34 St.
E 34 St.
QUEENS-MIDTOWN TUNNEL (toll)
Penn Station
W 23 St.
E 23 St.
Tenth Av.
Eighth Av.
Seventh Av.
Av. of the Americas
Fifth Av.
First Av.
W 14 St.
E 14 St.
West Highway (closed)
W 10 St.
Houston St.
Park
Broadway
WILLIAMSBURGH BRIDGE
Canal St.
West St.
Hudson St.
Delancey St.
Grand St.
HOLLAND TUNNEL (toll)
Roosevelt Dr.
Chambers St.
Park
MANHATTAN BRIDGE
BROOKLYN BRIDGE
Port Authority Docks and Piers
Fulton St.
Pearl St.
Franklin D.
West St.
BATTERY PARK
BROOKLYN-BATTERY TUNNEL (toll)

**6**

- La oficina de correos (the post office)

- Los bancos (banks)

67

● LA OFICINA DE CORREOS (post office)

En Estados Unidos, el *correo* (**mail**) es uno de los raros servicios que dependen del Estado. Por lo general, durante la semana las *oficinas de correos* (**post office**) están abiertas de ocho de la mañana a cinco de la tarde (**8:00 AM to 5:00 PM**) y los sábados de las ocho de la mañana a doce del día. Normalmente, deberá formarse en una *fila* (**line**) central, bien señalada, común a todas las *ventanillas* (**windows**). Debe esperar hasta que lo llamen diciendo *"¡El siguiente!"* (**Next!**). Algunas veces hay *líneas rápidas* ("**express**") para comprar *estampillas* (**stamps**).

El *tiempo de entrega* (**delivery time**) dentro del país va de uno a siete días. Para el norte de Europa, cuente de siete a diez días, para el sur de Europa, un poco más, y para África, dos o tres semanas. El cartero pasa una vez al día.

Si desea enviar algo por *correo de entrega inmediata* (**express mail**), que demora entre 40 y 70 horas para Europa, puede elegir entre varias compañías privadas (Federal Express, DHL, UPS), cuyas oficinas se encuentran en los barrios de negocios, o el servicio "**International Express Mail**" del U.S. Postal Service; pero fíjese bien a dónde debe acudir, pues si bien este tipo de servicio es muy común (y relativamente barato), algunas oficinas pequeñas no lo tienen para envíos internacionales.

Las oficinas postales no ofrecen servicios bancarios, pero sí venden *embalajes* (**boxes**).

Para enfrentar sus apuros financieros, en este momento el correo estadounidense está cerrando algunas de sus oficinas, sobre todo las de barrios residenciales. Por consiguiente, en vez de confiarse al azar, conviene informarse dónde están las oficinas en operación. Las estampillas se compran ahí mismo o con los vendedores que se apostan ocasionalmente en las aceras frente al correo; no obstante, desde hace algún tiempo también se venden en tiendas privadas especializadas en servicios postales, con *fax público* (**facsimile** o **fax**), *apartados postales* (**post office boxes**) y venta de embalajes.

Estas pequeñas tiendas especializadas le sirven al correo federal como subcontratistas, pues ahí pueden depositarse paquetes, pesarlos y enviarlos. Pero si desea hacer un envío al extranjero, ahí no encontrará todas las tarifas especiales para paquetes voluminosos y el personal es menos competente. Los nombres aluden al tipo de servicio que presta cada establecimiento: **Mail Store**, **Air Mail Services**, etc.

— ¿Podría darme un talonario de estampillas para correo aéreo, por favor?
Could I have a book of air-mail stamps, please.

— ¿Cuánto cuesta enviar este paquete por avión/por correo ordinario?
How much does it cost to send this package air-mail/surface mail?

— ¿Hay algún servicio de entrega especial para que esta carta llegue a México/Costa Rica/Venezuela en menos de cuarenta y ocho horas?
Is there a special delivery that will get this letter to Mexico/Costa Rica/Venezuela within forty-eight hours?

— ¿Dónde está la oficina de correos más cercana?
Where is the nearest post office?

— ¿Ya se hizo la última recolección?
Has the last pick-up already gone?

— ¿Cuánto tarda esta carta en llegar a México por correo certificado?
How long will it take to send this letter to Mexico via registered mail?

— Quisiera mandar un giro telegráfico.
I would like to send a telegraphic money order.

— ¿Tienen aquí servicio de lista de correos?
Do you have a general delivery service here?

— Quisiera asegurar este paquete por 30 dólares.
I would like to insure this package for 30 (thirty) dollars.

— ¿Cuánto cuesta una estampilla aérea para enviar una carta/tarjeta postal a Europa?
How much is an air-mail stamp for a letter/postcard for Europe?

— ¿En qué ventanilla puedo cobrar un giro postal internacional?
At wich counter can I cash an international money order?

---

En todo el país es muy fácil utilizar el servicio de lista de correos (general delivery). Salvo en las ciudades muy pequeñas, pida a las personas con quienes mantenga correspondencia que añadan "central post office" o el nombre de la oficina del barrio correspondiente.

---

EL TELÉGRAFO: el telégrafo está en manos de compañías privadas. No se pueden enviar telegramas ni de una oficina de correo ni de los hoteles. Pregunte dónde se encuentra la oficina de Western Union más cercana.

● LOS BANCOS (banks)

Los *servicios bancarios* (**banking services**) varían de un establecimiento a otro, por lo que es difícil generalizar a este respecto. Hay un gran número de *cajas de ahorro* (**Savings and Loan**), que no ofrecen toda la gama de servicios de los bancos.

Por principio de cuentas, fuera del centro de las ciudades no siempre le será fácil *cambiar* (**to change**) moneda extranjera, así que es preferible viajar con *cheques de viajero* (**traveler's checks**). Si están extendidos en dólares, tiene la ventaja adicional de poder utilizarlos en tiendas y restaurantes. (Pueden cambiarse sin dificultad en los establecimientos, pero a menudo le pedirán una *identificación* ("I.D."), de modo que siempre lleve consigo su pasaporte o una licencia de conducir internacional). Es importante saber que los letreros **NO CHECKS ACCEPTED** *(No aceptamos cheques)* se refieren a los cheques personales, que prácticamente sólo se aceptan en las tiendas y restaurantes donde se es conocido.

En los bancos puede retirar dinero con su *tarjeta de crédito* (**credit card**) internacional. Pida información a las edecanes del banco, aunque también hay letreros que indican el servicio que presta cada ventanilla ("**international**" o "**foreign banking services**", o simplemente "**credit card advances**"). En Estados Unidos se dice *adelanto* (**advance**) porque las tarjetas en verdad son "de crédito" (la mayor parte de las veces por intermedio de un banco), de manera que el dinero "se presta" al usuario. No necesita buscar un banco afiliado al suyo. El *tipo de cambio* (**exchange rate**) puede ser desventajoso si utiliza tarjeta.

En general, cuando cambie dinero le conviene hacerlo en cantidades grandes, en vez de pequeñas sumas, a fin de que el total de las *comisiones* (**commissions**) sea menos elevado.

Algunos bancos cierran temprano (a veces a las tres de la tarde), pero dado que la competencia es cada vez mayor, muchos permanecen abiertos hasta las cinco de la tarde y en ocasiones trabajan los sábados por la mañana. No cierran a la hora del almuerzo.

— ¿Cuál es el tipo de cambio?
**What's the exchange rate?**

— Quisiera cambiar unos pesos mexicanos, por favor.
**I'd like to change some mexican pesos, please.**

— Claro, ¿cuánto desea cambiar?
**OK. How much would you like to change?**

— ¿Puedo cambiar cheques de viajero en esta ventanilla?
**Can I change traveler's checks at this window?**

— ¿Puedo comprar cheques de viajero aquí?
**Can I buy traveler's checks here?**

— ¿De qué denominación desea los billetes? ¿De 20 o de 50 dólares?
**What denomination would you like? Twenties or fifties?**

— Déme algo de cambio/algunos billetes chicos, por favor.
**Please give me some small change/small bills.**

— Su pasaporte, por favor; firme aquí.
**Your passport, please; sign here!**

— Quisiera retirar efectivo con mi tarjeta de crédito.
**I'd like to get a cash advance with my credit card.**

— Para esa operación, necesita ir a nuestra oficina/sucursal del centro.
**You'll have to go to our downtown office/branch for that.**

— Está en la fila equivocada. Espere allá.
**You're in the wrong line. Wait over there.**

— ¿Qué comisión cobran?
**What rate of commission do you charge?**

— Quiero notificar el robo/pérdida de mi tarjeta de crédito.
**I'd like to report a lost/stolen credit card.**

— Estoy esperando un dinero que me envían de México; ¿no ha llegado?
**I'm expecting some money from Mexico; has it arrived?**

---

Si planea que le envíen dinero del extranjero durante su viaje, lleve una lista de los *bancos correspondientes* (correspondent banks) del suyo. La *transferencia* (transfer) por cable es la más rápida (tarda alrededor de 48 horas).

| | |
|---|---|
| abierto | open |
| abrir (una cuenta) | to open (an account) |
| billete | bill |
| billetes chicos | small bills |
| buzón | mailbox |
| cajero | teller |
| cajero automático | automated teller |
| cambiar | to change |
| cambiar (un cheque de viajero) | to cash |
| cambio | small change |
| carta | letter |
| carta certificada | registered [rèdjisted] letter |
| cartero | mailman |
| cerrado | closed |
| código postal | ZIP code |
| comisión | commission |
| correo aéreo | airmail |
| ¿cuánto cuesta? | how much? |
| ¿cuánto tarda? | how long? |
| cuenta de ahorro | savings account |
| cuenta de cheques | checking account |
| cheque de viajero | traveler's check |
| cheque sin fondos | bad check/dud check |
| chequera | checkbook |
| denominación (dinero) | denomination |
| depositar (dinero) | to deposit, to credit |
| destinatario | addressee [adrèsi:] |
| días hábiles | workdays |
| dinero | money |
| divisa | currency |
| domicilio | address |
| entrega | delivery [deliveri] |
| entrega inmediata | special delivery |
| enviar | to send |
| enviar por correo | to mail |
| escribir | to write |
| esperar | to expect |
| estampilla | stamp |
| fax | fax |

| | |
|---|---|
| firmar | to sign [saïn] |
| forma | form; slip |
| forma de aduana | customs slip |
| frágil | "handle with care" |
| giro internacional | (international) money order |
| horas hábiles | business hours |
| informar(se) | to inquire [inkwaie<sup>r</sup>] |
| lista de correos | general delivery |
| llenar una forma | to fill out |
| matriz | main office |
| mayúscula | block letter |
| moneda | coin [koïn] |
| monto | amount |
| nombre/apellido | last name/first name |
| normal | regular, surface mail |
| oficina de correos | post office (P.O.) |
| pagar | to pay |
| palabra | word |
| papel para cartas | writing paper |
| paquete | package |
| perder | to lose [lu:z] |
| pesar | to weigh |
| prestar | to loan |
| recibir | to receive [risi:v] |
| recibo | receipt [risi:t] |
| recolección (del correo) | pick up |
| remítase al destinatario | to forward |
| remitente | sender |
| retirar (dinero) | to withdraw |
| robado | stolen |
| robar | to steal |
| sobre | envelope |
| sucursal | branch |
| tarjeta de crédito | credit card |
| tarjeta postal | post card |
| telegrama | telegram |
| tipo de cambio | rate of exchange |
| ventanilla | window, counter |

# 6 LA OFICINA DE CORREOS (the post office)
# EL BANCO (the bank)

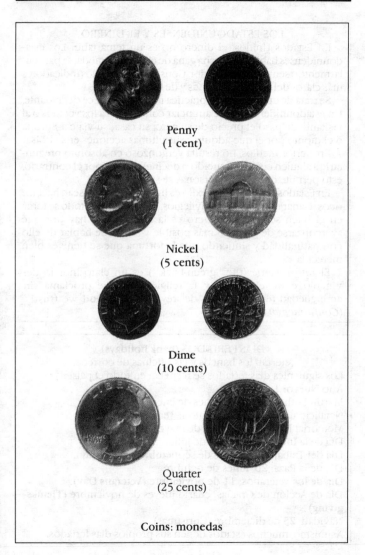

Penny
(1 cent)

Nickel
(5 cents)

Dime
(10 cents)

Quarter
(25 cents)

Coins: monedas

## LOS ESTADOUNIDENSES Y EL DINERO

En Estados Unidos, el dinero no es un tema tabú. Los estadounidenses hablan de buena gana de él, sin incomodarse particularmente o sentir un falso pudor. Constituye uno de los indicadores más claros del valor de las cosas y de las personas.

Se trata de una referencia práctica incluso si parece degradante. Un estadounidense puede anunciar con orgullo a los vecinos o al visitante de paso el precio de su auto, su casa, su viaje a Europa o el monto por el que adquirió sus últimas acciones en la bolsa.

En ciertos medios, no resulta vergonzoso en absoluto preguntarle a alguien cuál es su sueldo o decir el propio, por el contrario, esto permite que ambas personas se sitúen.

En Estados Unidos, tener éxito es bueno y todos desean hacerse ricos. Ganar dinero, tener privilegios, ser ventajosos, todo se toma en el buen sentido. El dinero es la libertad. No hay por qué avergonzarse de ganar lo más posible y se puede hablar de ello con naturalidad y sintiendo que la fortuna que se tiene es bien merecida.

El *billete verde* (the "green-back") es un claro indicio del vínculo entre el dinero y la religión, ya que proclama sin ambigüedad (en la leyenda del reverso): "**In God we trust!**" (*Confiamos en Dios*).

## DÍAS FERIADOS (bank holidays)
### (cierran los bancos y las oficinas de correos)

Los siguientes días feriados se respetan en todo el país:

Año Nuevo: 1 de enero.
Martin Luther King: 3er. lunes de enero.
Natalicio de George Washington: 3er. lunes de febrero
Memorial Day: último lunes de mayo.
Día de la Independencia: 4 de julio.
Día del Trabajo: 1er. lunes de septiembre (**Labor Day**).
Día de la Raza: 2o. lunes de octubre.
Día de los Veteranos: 11 de noviembre (**Veterans Day**).
Día de Acción de Gracias: cuarto jueves de noviembre (**Thanksgiving**)
Navidad: 25 de diciembre (**Christmas**).
Asimismo, muchos estados tienen sus propios días feriados.

# 7

## CÓMO USAR EL TELÉFONO
## (using the telephone)

- Las cabinas telefónicas
  (telephone booths)

- Cómo hacer una llamada (placing a call)

- Las compañías de teléfonos
  (telephone companies)

● CABINAS TELEFÓNICAS (telephone booths)

En primer lugar, resulta impresionante la cantidad de aparatos de teléfono que hay en el país. En las casas se tienen varios (a menudo en todas las habitaciones), pero también se encuentran en la calle. En la ciudad rara vez se está a más de unos cuantos metros de una *cabina telefónica* (phone booth) y ciertos sitios, como los aeropuertos, están equipados con verdaderas "baterías", en ocasiones de varias centenas, de teléfonos públicos todos provistos de una *guía telefónica* (telephone book/directory).

Notará que no necesariamente la *oficina de correos* (Post office) es el mejor lugar para hacer una llamada, pues el servicio telefónico está en manos de compañías privadas. De igual forma, el envío de *telegramas* (telegram) se hace a través de una compañía privada (Western Union).

Los teléfonos públicos funcionan con monedas: *5 cents* (nickel), *10 cents* (dime) y *25 cents* (quarter) y algunas veces con tarjeta de crédito. Por consiguiente, más vale conseguir una buena cantidad de monedas antes de hacer una *llamada de larga distancia* (long distance call).

Constantemente se llama a la *operadora* (telephone operator), no sólo para preguntarle sobre el funcionamiento del teléfono en sí, sino también para pedirle todo tipo de información útil (policía, servicios de auxilio, bomberos, taxis, indicaciones en caso de que se haya perdido...). Como esta *información* (information) es gratuita, la moneda que haya depositado le será *devuelta* (returned to you) cuando *cuelgue* (to hang up).

● CÓMO HACER UNA LLAMADA (placing a call)

Para hacer una *llamada local* (local call), sólo tiene que *insertar la moneda* (to insert a coin) correspondiente a la tarifa local mínima, esperar el *tono* (dial tone) y después marcar el número que desee. Puede hablar con la *persona a la que llama* (party) cuando ésta *conteste* (to pick up the receiver).

También puede llamar a todo el país, o a todo el mundo, desde una cabina telefónica siempre y cuando lleve consigo suficientes quarters. Se sigue el mismo procedimiento que para las llamadas locales, pero antes de que *suene* (to ring) el teléfono de la persona a la que llama, una grabación le pedirá que inserte monedas por el monto correspondiente a determinado tiempo de conferencia. Una vez hecho esto, se establecerá la comunicación.

— Quisiera <u>hacer una llamada</u>./I'd like to <u>make a call</u>.

— ¿Me permite usar su teléfono?
  **Do you mind if I use your telephone?**

— Adelante. Use el teléfono de la sala, estará más cómodo.
  **Go ahead. Use the living-room telephone. You'll be more comfortable.**

— ¿Dónde queda la cabina telefónica <u>más cercana</u>?
  **Where is the <u>nearest</u> public telephone?**

— ¿Podría cambiarme un dólar por monedas?
  **Would you mind breaking this dollar bill into small change?**

— Quisiera hacer una llamada de larga distancia.
  **I'd like to place a long distance call/international call.**

— Lo lamento, pero el Servicio de Correos estadounidense no maneja telegramas.
  **Sorry, the US Postal Service does not handle telegrams.**

— Operadora, esta cabina no tiene <u>guía</u> y quisiera saber cuál es el número del Sr. Glen Teater.
  **Operator, there is no <u>directory</u> in the booth and I'd like to find the telephone number of Glen Teater.**

— Ésta es una <u>grabación</u>; el número al que está llamando está fuera de servicio.
  **This is a <u>recorded</u> message: the number you are calling is no longer in service.**

— Favor de depositar dos dólares y setenta y cinco centavos.
  **Please deposit an extra two dollars and seventy-five cents.**

— No encuentro su casa, <u>lo estoy llamando</u> de la cabina que está en el cruce de la calle 96 oeste y Broadway.
  **I can't find your place, <u>I'm calling you</u> from a public telephone located at the intersection of West 96th and Broadway.**

— Hola, habla Lisa. ¿Está John?/ **Hello, this is Lisa speaking. Is John there?**

— Habla McPherson./**McPherson speaking.**

— ¿Podría comunicarme con el Sr. Roberts, <u>extensión</u> 3352?
  **Could you connect me to Mr. Roberts, <u>extension</u> 3352?**

— Marque la clave de área, <u>espere</u> el tono y luego marque el número de la persona a quien desea llamar.
  **Dial the area code, <u>wait</u> for the dial tone, and then dial your party's telephone number.**

En cierto momento de la conferencia, escuchará una grabación que, sin interrumpir la comunicación, le indicará que en cuanto cuelgue debe completar el costo de la llamada. Este procedimiento tan natural para los estadounidenses se basa en la confianza. Sin embargo, en caso de que la persona que hace la llamada no pague, la llamada se cobra a la persona que la recibió.

Aún hay otras particularidades. Por ejemplo, es de gran utilidad la *llamada por cobrar* (collecting call), que se *carga al número telefónico al que llama* (to reverse charges). En esta modalidad, la *operadora* (operator) se pone en contacto con la persona con la que usted desea comunicarse y le pregunta si acepta pagar la llamada.

Existe otro procedimiento en el que pagará la llamada sólo si logra comunicarse con determinada persona. Se trata de la llamada *de persona a persona* (person-to-person call). Usted pide a la operadora que lo comunique con John Doe al 822 3508 y si la persona que contesta —su esposa, por ejemplo— dice que John Doe aún no ha llegado del trabajo, la operadora no le cobrará la llamada. Por el contrario, si logra comunicarse con él, la tarifa será mucho más elevada que la normal. Puede escuchar la conversación entre la operadora y la persona que contesta y esta última lo puede escuchar a usted.

● COMPAÑÍAS DE TELÉFONOS (telephone companies)

Para entender mejor el papel que desempeña la competencia entre las compañías de teléfonos de Estados Unidos, primero debe recordar que éstas pertenecen al sector *privado* (private) y no al *público* (public). Después, tenga en cuenta que el servicio telefónico se divide en regiones, cada una de ellas dominada por una sola compañía que ejerce un *monopolio* (monopoly) con licencia concedida por las autoridades federales.

En lo que respecta a las telecomunicaciones interregionales, varias compañías —también privadas— comparten el mercado. Está la ATT (American Telephone and Telegraph), por supuesto, pero también hay compañías más pequeñas (destacan Sprint y MCI) que le hacen una competencia feroz.

En la práctica, esto se manifiesta en una guerra de precios entre ATT y sus *competidores* (competitors) en el ámbito de las comunicaciones interregionales. Por ejemplo, muchos estadounidenses suscritos a algunos de los competidores de ATT hacen sus llamadas de Miami a Seattle a través de la red que ofrece el mejor precio. Basta entonces con agregar el número especial del competidor de la ATT al número de la persona a quien desea llamar.

— Por favor, no cuelgue.
  **Please, hold the line.**
— Operadora, quisiera llamar al Sr. Michael Scolumb por cobrar.
  **Operator, I'd like to place a collect call to Mr. Michael Scolumb.**
— ¿Podría repetir ese número? 882 3508
  **Sorry, what's that number again? 882 3508 (eight eight two three five o eight)**
— Señor, ahora estoy llamando al número que solicitó.
  **Sir, I'am now ringing your party.**
— Hola, Lise, habla John. ¿Cómo estás?
  **Hi, Lise this is John calling. How have you been?**
— La línea está ocupada./ **The line is busy.**
— Lo siento, se cortó la llamada.
  **Sorry, we were cut off.**
— Quisiera cargar esta llamada a mi tarjeta de crédito.
  **I'd like to charge this call to my credit card.**
— Quizás esta llamada de larga distancia es más barata por MCI.
  **This long-distance call might be cheaper with MCI.**
— ¿Podría repetir/deletrear el nombre?
  **Would you mind repeating/spelling the name?**
— Llámame cuando quieras.
  **Give me a call anytime.**
— Claro, estaremos en contacto.
  **Sure, we'll keep in touch/contact.**
— Si necesita ayuda, llámenos.
  **If you are in need of help, call us.**
— Éste es un número gratuito (con cargo automático al número que recibe la llamada).
  **This is a toll-free number.**
— El Sr. Davis está de viaje.
  **Mr. Davis is out of town.**

---

Para hacer una llamada por cobrar, sólo tiene que marcar el "0" antes del número al que va a llamar, la operadora intervendrá cuando empiece a sonar el teléfono y usted debe decir: "Collect call from, . . . please".

● MULTISERVICIOS

En Estados Unidos, más que en otros lugares, el teléfono representa un modo de vida. *Estar en contacto* (to keep in touch) con la familia, los amigos, los colegas; solicitar información, consejos, consuelo, ayuda... todo puede hacerse por teléfono.

Puede llegarse a esa conclusión a juzgar por la proliferación de *líneas de emergencia* (hot lines) o líneas especiales (ver recuadro), a través de las cuales los desesperados pueden encontrar alguien con quien hablar; los niños, escuchar un cuento para dormir; los drogadictos, solicitar jeringas estériles a media noche, los hambrientos, ordenar una comida a domicilio e, incluso, las personas muy religiosas, escuchar una oración.

Asimismo, a través del teléfono los partidos políticos y cualquier grupo de presión pueden tratar de convencer a los electores de participar en las votaciones o de votar a favor de determinada medida o persona. De este modo, decenas o aun centenares de voluntarios que no se apartan del teléfono llevan a cabo verdaderas campañas para comunicar sus ideas.

Si en otros países se anteponen ciertos reparos a las conversaciones telefónicas —pues se consideran más frías que las conversaciones en persona—, los estadounidenses saben encontrar y crear una gran cordialidad en este tipo de comunicación. En su opinión, el lado práctico del teléfono compensa en gran medida la falta de encuentro real.

---

**TOLL FREE NUMBERS**

Este uso inmoderado del teléfono ofrece una ventaja para los turistas: numerosas empresas (agencias de autos, aerolíneas, compañías de alquiler de autos, entre otras) ponen a disposición del público números telefónicos gratuitos (toll free) para pedir información en todo el país. Búsquelos en las guías, los reconocerá porque siempre comienzan por 1 800.

| | |
|---|---|
| cabina telefónica | phone booth |
| clave de área | area code [è-eriè keud] |
| clave del país | country code |
| colgar | to hang up |
| cortarse | to cut off |
| deletrear | to spell |
| descolgar | to pick up |
| esperar | to wait |
| fuera de servicio | out of order |
| grabación | recorded message |
| guía (telefónica) | telephone directory, telephone book |
| hacer una llamada | to make a call |
| hola | hello |
| internacional | international |
| larga distancia nacional (llamada) | long distance (call) |
| (llamada) local | local (call) |
| llamada por cobrar | collect call |
| llamada telefónica | call |
| marcar (el núm. de tel.) | to dial [daiel] |
| moneda | coin |
| número | number |
| número equivocado | wrong number |
| número gratuito | toll free number |
| ocupado | busy |
| operador | operator |
| persona a quien se llama | party |
| ¡por favor, no cuelgue! | please hold the line! |
| ¿quién habla? | who's speaking? |
| repetir | to repeat |
| respuesta | answer |
| tarifa | rate |
| tarifa de llamada | toll, charge |
| teléfono | phone, telephone |
| timbre | ring, buzz |
| tono de marcar | dial(ing) tone |
| urgente | urgent |

Recuerde este número en caso de emergencia: 911, es el mismo en casi todo el país.

SERVICIOS ORIGINALES

En todas las guías de Estados Unidos encontrará bajo la entrada "**DIAL-A**" toda clase de servicios originales y mensajes grabados, la mayoría de ellos a precios módicos. Los siguientes se encontraron en las guías de Los Ángeles, San Francisco y Boston:

**Dial-a-joke:** "Solicite un chiste"

**Dial-a-prayer:** "Solicite una oración"

**Dial-a-story:** "Solicite un cuento"

**Dial-a-date:** "Solicite un compañero (a) (para una cita)"

**Dial-a-wake-up:** "Despertador"

**Dial-a-repair:** "Solicite una reparación"

y **Dial-a-horoscope**, **Dial-a-babysitter**, etc.

Además, claro, puede preguntar por la *hora* (time), el *tiempo* (weather) y pedir *información* (information).

---

CÓMO LLAMAR DE UNA CIUDAD A OTRA
(calling from one city to another)

1* + clave de área (**area code**) + número

Para pedir información (**directory assistance** o **information**) en otra ciudad: 1* + clave de área + 555 - 1212.

| | | | |
|---|---|---|---|
| Atlanta, Georgia | 404 | New Haven, Connecticut | 213 |
| Baltimore, Maryland | 301 | New Orleans, Louisiana | 504 |
| Boston, Mass. | 617 | Niagara Falls, N.Y. | 716 |
| Charlotte, N.C. | 704 | Nueva York, N. Y. | |
| Chicago, Illinois | 312 |     Manhattan | 212 |
| Cincinnati, Ohio | 513 |     Brooklyn, Queens | 718 |
| Cleveland, Ohio | 216 |     Long Island | 516 |
| Cody, Wyoming | 307 | Orlando, Florida | 407 |
| Dallas, Texas | 214 | Philadelphia, Penn. | 215 |
| Denver, Colorado | 303 | Phoenix, Arizona | 602 |
| Detroit, Michigan | 313 | Pittsburgh, Penn. | 412 |
| Honolulu, Hawaii | 808 | Portland, Oregon | 503 |
| Houston, Texas | 713 | Providence, R.I. | 401 |
| Indianapolis, Indiana | 317 | Reno, Nevada | 702 |
| Kansas City, Missouri | 816 | Sacramento, California | 916 |
| Las Vegas, Nevada | 702 | San Luis, Missouri | 314 |
| Los Ángeles, California | 213 | Salk Lake City, Utah | 801 |
| Memphis, Tennessee | 901 | San Francisco, California | 415 |
| Miami, Florida | 305 | Seattle, Washington | 206 |
| Milwaukee, Wisconsin | 414 | Washington, D.C. | 202 |

* En algunas regiones del país no necesita marcar el 1.

# 8

## EL AUTOBÚS (the bus)
## EL TREN (the train)

- Cómo tomar el autobús (taking the bus)

- La terminal de autobuses (the bus depot)

- El viaje (the journey)

- Encuentros (meeting people)

- Los pases Greyhound (passes)

- Cómo tomar el tren (taking the train)

Tal vez quienes fueron jóvenes en la década de los sesenta recuerden con cierta nostalgia sus viajes en Greyhound con el **pass** que en aquel entonces costaba *99 dólares por 99 días de viajes ilimitados* (**$99 for 99 days**).

En la actualidad, las *compañías de autobuses* (**bus company**) han perdido terreno ante las aerolíneas, que tienen mejores ofertas, en particular para los jóvenes. No obstante, el transporte en autobús conserva varios atractivos, entre ellos el de descubrir la parte profunda del país, que en el transporte aéreo sólo se sobrevuela.

● CÓMO TOMAR EL AUTOBÚS(**taking the bus**)

Debemos pensar en las dos grandes compañías de transporte por autobús (ahora fusionadas) como herederas del sistema de diligencias de los buenos tiempos del Oeste. Cuentan con una densa *red* (**network**) que cubre todo el país e incluso algunos destinos en México y Canadá. Su flotilla de vehículos recorre las **Interstates** (*autopistas*) las *24 horas del día* (**24 hours a day**): periódicamente cambia la *tripulación* (**crew**) y las *paradas* (**bus stop/bus depot**), *cargan* (**load**) y *descargan* (**unload**) paquetes y equipaje en cada parada y se ven rostros de nuevos pasajeros a medida que el autobús se va llenando.

Subsiste cierto espíritu de equipo entre los conductores de ambas compañías (**Greyhound**, con la insignia de galgo y **Continental Trailways**), quienes portan con orgullo el uniforme de su compañía y colocan un letrero con su nombre al abordar el autobús. Cuando se cruzan dos autobuses en la autopista, se saludan con cambio de luces casi sistemático.

● LA TERMINAL DE AUTOBUSES (the bus depot)

Las terminales de autobuses del centro de las ciudades (**downtown depot**) ofrecen un espectáculo insólito con gente de todas las edades y colores, lo que refleja realmente el **melting pot** (*crisol*) estadounidense y da una imagen fiel de un pueblo *siempre en movimiento* (**to be always on the go**). En general, usan el autobús las personas que *temen a los aviones* (**are afraid of flying**) o quienes no pueden viajar en avión por motivos financieros: jóvenes, jubilados, turistas ansiosos de descubrimientos, las minorías étnicas...

— En autobús se hacen 24 horas de aquí a Los Ángeles.
**It's 24 hours by bus from here to Los Angeles.**

— Intentaré alcanzar el autobús de las 8:25 para Nueva Orleáns.
**I'll try to catch the 8:25 bus to New Orleans.**

— Hay un autobús directo para Chicago que sale a las 10:10, andén 13.
**There is a non-stop service to Chicago leaving at 10:10, concourse 13.**

— Quisiera comprar un boleto de viaje sencillo/redondo para Duluth.
**I'd like to purchase a one-way/roundtrip ticket to Duluth.**

— Necesita mostrar este comprobante al conductor en el momento de abordar el autobús.
**You need to present this voucher/ticket to the driver when boarding the bus.**

— Puede documentar su equipaje hasta su destino final.
**You can check your luggage to your final destination.**

— Puede tomar este autobús ya sea en nuestra terminal del centro o en la que está cerca de la autopista 65.
**You can catch that bus either at our downtown depot or the one off Interstate 65.**

— ¿Este autobús llega directo a Lexington o debo transbordar?
**Is this a direct bus to Lexington or do I need to transfer to another bus?**

— Recordamos a nuestros pasajeros que la reglamentación federal prohíbe fumar a bordo del autobús.
**Passengers are kindly reminded that federal regulation prohibits all smoking on board.**

— Los pasajeros con dirección oeste hacia Chicago deben transbordar en Pittsburgh.
**Passengers heading west to Chicago will have to transfer in Pittsburgh.**

— ¡Tenga cuidado!/**Watch your step!**

---

CHARTER (letrero al frente del autobús) = AUTOBÚS ESPECIAL (to charter = fletar un autobús, un avión, un barco. )

En cierta forma, la terminal de autobuses también sirve de refugio a los desposeídos, los *desamparados* (homeless) y los *vagabundos* (bums) que llegan a pedir dinero y a contar sus vidas. En el verano, los viajeros, con frecuencia extranjeros, pueden lavarse ahí y dejar sus pertenencias en los *casilleros* (lockers) mientras se pasean por la ciudad o llamar por teléfono y *comer algo* (have something to eat).

A través de *altoparlantes* (public address system) se anuncia la *salida* (departure) o la *llegada* (arrival) de los autobuses y se recuerda que la *reglamentación federal* (federal regulations) prohíbe fumar o consumir bebidas alcohólicas en los autobuses.

Por razones de comodidad o para evitar los problemas del centro de las ciudades, en la actualidad las compañías de transporte tienden a establecer sus terminales en las afueras de las ciudades, en las nuevas zonas comerciales.

● EL VIAJE (the journey)

Se requieren varios días para atravesar Estados Unidos de costa a costa y cualquier desplazamiento en autobús lleva varias *horas* (hours), a veces hasta un *día* (day) entero; por ejemplo, de Nueva York a Atlanta, Georgia, se hacen alrededor de veinte horas.

Por ello, los autobuses son cómodos, tienen *asientos reclinables* (reclining seat), *cabeceras* (headrest), *apoyos para los pies* (foot-rest), *sanitarios* (bathroom). Antes de salir y antes de cada *parada* (stop), el *conductor* (driver) anuncia las *conexiones* (connection/transfer) y los *horarios de llegada y de salida* (schedule) de los diferentes destinos, y da varios consejos de seguridad a los pasajeros.

Aproximadamente cada dos horas, el autobús sale de la autopista a un *área de servicio* (service area) y permite que los *pasajeros* (passengers) coman algo y *estiren las piernas* (to stretch one's legs).

Después de la monotonía de viajes que duran horas, sobre todo en las grandes planicies o en la madrugada, esta especie de *paraderos* (rest stop), por lo general escrupulosamente limpios y aseados, hacen las veces de un oasis. A menudo los restaurantes tienen largas *barras* (counter) en forma de U donde los clientes se sientan a comer.

— Pasajeros con destino a Albany, favor de abordar el autobús núm. 4218, andén 14.

**Passengers to Albany may now board bus number 4218, concourse 14.**

— Favor de presentarse en la puerta 14 para abordar de inmediato el autobús número 4218.

**Please report to gate 14 for immediate boarding on bus number 4218.**

— ¿Está ocupado este asiento?

**Is this seat taken? Is there anyone sitting here?**

— ¿Puedo sentarme aquí (no le molesta que me siente aquí)?

**Do you mind if I take this seat?**

— Les habla el conductor. Bienvenidos a bordo del autobús panorámico 4539 con destino a Pittsburgh, Columbus, Cincinnati y Louisville.

**This is your driver speaking. Welcome on board scenic cruiser 4539 to Pittsburgh, Columbus, Cincinnati and Louisville.**

— Llegaremos a Saint Louis, nuestro destino final, aproximadamente en seis horas, once de la noche hora local.

**We'll be arriving in Saint Louis, our final destination, in about six hours at 11 PM local time.**

— Esta unidad está equipada con sanitarios en la parte trasera.

**This bus has a restroom in the back.**

— Al bajar del autobús, asegúrese de llevar consigo todas sus pertenencias.

**When leaving the bus make sure you've taken all your personal belongings.**

— Pararemos media hora para descansar.

**We'll now take a half-hour rest stop.**

— Cuando vuelva a abordar, no olvide que el número de su autobús es el 6483.

**Remember your coach number when reboarding; it is 6483.**

— Favor de colocar su equipaje en la rejilla (sobre sus cabezas).

**Be sure to store your luggage in the overhead rack.**

— Gracias por viajar en Greyhound.

**Thank you for riding Greyhound.**

— ¿Dónde puedo recoger mis maletas?

**Where is the baggage claim?**

— ¿Por qué no dejas las maletas en los casilleros mientras visitamos la ciudad?

**Why don't you check our luggage in a locker while we visit the town?**

Por la noche, los pasajeros tratan de acomodarse lo mejor posible. Se disminuye la temperatura del *aire acondicionado* (**air conditioning**) —que siempre está funcionando— lo suficiente para usar un suéter, incluso en el verano.

## ● ENCUENTROS (meeting people)

Los viajes en autobús son el medio ideal para que un turista se relacione con la gente que no conocería si se limitara a frecuentar los grandes aeropuertos y los hoteles internacionales. El tiempo que debe pasar sentado al lado de una misma persona propicia la conversación, que irá de lo trivial a lo interesante.

En los autobuses se presentan las mejores oportunidades de conversar con los olvidados del sistema, los marginados de todos los tipos: *desempleados* (**unemployed**) en busca de trabajo en otra ciudad, los alcohólicos arrepentidos que ahora dedican su tiempo a *alcohólicos anónimos* (**alcoholics anonymous**), parejas de *jubilados* (**senior citizen**) que por enésima vez van de *vacaciones* (**vacation**) a Florida, la joven que va a reunirse con su *novio* (**boyfriend**). En general todas estas personas no escatiman ni sus confidencias ni sus historias.

## ● LOS PASES GREYHOUND (passes)

Hay una compañía grande, Greyhound, que ofrece distintos pases. Uno de éstos, el **Ameripass**, le permite realizar todos los trayectos que quiera durante una semana, dos semanas o un mes, según elija. La validez del pase comienza a correr a partir de su primer viaje y puede adquirirlo por anticipado.

Si no piensa viajar en autobús durante todas sus vacaciones, existen otros tipos de pases como la tarifa única entre cualesquiera ciudades.

## ● CÓMO TOMAR EL TREN (taking the train)

El tren —que hizo posible la prosperidad del Oeste— fue el medio de transporte más importante hasta los años cincuenta y echó a volar la imaginación de los niños estadounidenses. En la actualidad, prácticamente ha desaparecido del mapa: hasta ese punto se ha visto reemplazado por el auto y el avión; ahora apenas representa el 5% del transporte de pasajeros.

Sólo quedan algunas *líneas para pasajeros* (**passenger line**), todas bajo el control de una organización pública nacional llamada **Amtrak** y numerosas *líneas suburbanas* (**commuter line**) en las zonas metropolitanas.

Amtrak ofrece servicio entre las ciudades más grandes del país. Pese a los esfuerzos de modernización, la calidad de este servicio aún deja que desear.

Aunque el tren no es el medio de transporte más rápido ni el más barato, probablemente sea el más cómodo.

Hay varios tipos de *vagón* (cars): el **coach**, con asientos individuales reclinables, equipados con *apoyos para los pies* (footrest); el **club car**, más cómodo aún, etc. No olvide que puede hacer trayectos nocturnos en **roomette** (pequeño *compartimiento* (compartment) individual), en **slumbercoach** (más pequeño pero lo hay individual y doble), en **bedroom** (que corresponde a un compartimiento de *vagón cama*) o en **drawing room** (equipado con tres camas y sanitario). Para disfrutar mejor el paisaje, algunos trenes cuentan con vagones panorámicos de un solo nivel.

En los trayectos pequeños podrá comer en el bar, mientras que en los recorridos largos habrá un *vagón restaurante* (**diner** o **dining car**), donde le servirán alimentos de calidad bastante buena y relativamente baratos.

En la costa este todavía existe una gran cantidad de trenes, entre otros el **Metroliner**, que va de Boston a Washington en ocho horas, a lo largo de gran parte de la costa. Los trenes de vagones antiguos que atraviesan todo el país llevan nombres evocadores; **California Zephyr** (de Chicago a San Francisco), **Southerwest Chief** (de Chicago a Los Ángeles), **Desert X Wind** (de Chicago a Los Ángeles vía Salt Lake City) o **Sunset Limited** (de Nueva York a Los Ángeles).

¿Algunos tiempos de recorrido? Seattle-Los Ángeles: 33 horas; Nueva Orleáns-Nueva York: 28 horas; San Francisco-Chicago: ¡49 horas!

En lo que respecta a las tarifas, el tren es un medio de transporte caro, al menos más caro que el autobús, pero también ofrece tarifas con descuento (por ejemplo *viaje redondo*-round trip) en los días/horas de *menor afluencia* (off-peak) así como **passes** muy atractivos.

A pesar de todo, la gran historia de amor entre los estadounidenses y el tren no ha terminado. Existen compañías, asociaciones y nostálgicos de la gran época de los viajes por tren que no cejan en sus esfuerzos por salvar los trenes históricos, turísticos o de lujo. El hecho de que Texas haya comprado recientemente TGV es una muestra de que resurge el interés por este medio de transporte.

Llame a Amtrak: 800 523 8720 (núm. gratuito).

---

All aboard! = ¡Todos a bordo!

| | |
|---|---|
| ¿a qué hora? | at what time? |
| aire acondicionado | air conditioning |
| alimento | meal |
| andén | track, concourse |
| asiento | seat |
| asiento de pasillo | aisle seat |
| asiento de segunda clase | coach |
| asiento de ventanilla | window seat |
| autobús | bus |
| bajar | to get off |
| boleto | ticket |
| cambiar | to change |
| cancelar | to cancel |
| casilleros para equipaje | baggage check, luggage locker |
| cerca | near, close |
| compañía de autobuses | bus company |
| compartimiento | compartment |
| comprar | to buy |
| conductor | driver |
| conexión | connection |
| ¿cuánto? | how much? |
| descuento | discount |
| destino | destination |
| detenerse | to stop |
| directo | through, direct |
| duración | lenght |
| estación (de tren) | railroad station |
| fecha | date |
| frío | cold |
| fumar | to smoke |
| hora de llegada | arrival time |
| hora de salida | departure time |
| ir | to go |
| largo | long |
| lejos | far |
| litera | berth |
| llegada/llegar | arrival/to arrive |
| lleno | full |
| número | number |

| | |
|---|---|
| oficina de reservaciones | reservation desk |
| parada | stop |
| parte trasera | back |
| precio | price |
| primero | first |
| puerta | door, gate |
| ¿qué día? | what day? |
| regreso | return |
| reservación | reservation |
| retraso | delay |
| salida | departure |
| sanitario | toilet, rest room |
| semana | week |
| sentarse | to sit down |
| siguiente | next |
| subir (a un vehículo) | to get on |
| tarifa | fare |
| tarifa especial | special fare |
| terminal de autobús | bus station, terminal, depot |
| transbordar (de autobús) | to change/to transfer |
| tren | train |
| último | last |
| vagón | car |
| vagón de cama | pullman |
| vagón nocturno | night coach |
| vagón restaurante | dining car |
| ventanilla | window |
| viajar | to travel |
| viaje | trip, journey |
| viaje redondo | roundtrip |
| viaje sencillo | one way |
| viajero | traveler |

Por la mañana: in the morning; mediodía: noon; por la tarde: in the afternoon; primeras horas de la noche: in the evening; en la noche: at night; media noche: midnight; hoy: today; mañana (día siguiente): tomorrow; pasado mañana: day after tomorrow; lunes: Monday; martes: Tuesday; miércoles: Wednesday; jueves: Thursday; viernes: Friday; sábado: Saturday; domingo: Sunday.

**TABLA DE DISTANCIAS (en millas)**

The table is a triangular distance chart. Column headers (left → right): Washington DC, Seattle WA, San Francisco CA, San Diego CA, Salt Lake City UT, Saint Louis MO, Phoenix AZ, Philadelphia PA, Orlando FL, New York NY, New Orleans LA, Minneapolis MN, Miami FL, Los Angeles CA, Kansas City MO, Indianapolis IN, Houston TX, Detroit MI, Denver CO, Dallas TX, Cincinnati OH, Chicago IL, Boston MA, Baltimore MD, Atlantic City.

| Origen | Wash DC | Seattle | San Fran | San Diego | Salt Lake | St Louis | Phoenix | Philadelphia | Orlando | New York | New Orleans | Minneapolis | Miami | Los Angeles | Kansas City | Indianapolis | Houston | Detroit | Denver | Dallas | Cincinnati | Chicago | Boston | Baltimore | Atlantic City |
|---|---|---|---|---|---|---|---|---|---|---|---|---|---|---|---|---|---|---|---|---|---|---|---|---|---|
| Atlanta GA | 641 | 2954 | 2554 | 2230 | 1959 | 582 | 1894 | 776 | 449 | 863 | 518 | 1374 | 662 | 2252 | 882 | 549 | 875 | 741 | 1519 | 826 | 481 | 715 | 1084 | 680 | 838 |
| Atlantic City | 202 | 3005 | 3022 | 2841 | 2495 | 949 | 2307 | 62 | 1069 | 165 | 1241 | 1206 | 1293 | 2891 | 1203 | 709 | 1710 | 670 | 1832 | 1623 | 640 | 829 | 370 | 168 | |
| Baltimore MD | 39 | 2792 | 2899 | 2716 | 2120 | 800 | 2332 | 106 | 1148 | 191 | 1206 | 1146 | 1070 | 2724 | 1070 | 574 | 1442 | 524 | 1624 | 1460 | 493 | 853 | 404 | | |
| Boston MA | 443 | 3163 | 3198 | 3285 | 2746 | 1188 | 2746 | 308 | 1323 | 215 | 1547 | 1399 | 1625 | 3130 | 1442 | 948 | 1961 | 706 | 2008 | 1868 | 936 | 301 | | | |
| Chicago IL | 696 | 2184 | 2233 | 2277 | 1411 | 296 | 1837 | 767 | 1162 | 818 | 938 | 416 | 1386 | 2189 | 505 | 182 | 1073 | 279 | 1017 | 936 | 301 | | | | |
| Cincinnati OH | 519 | 2485 | 2449 | 2257 | 1682 | 348 | 1908 | 578 | 940 | 623 | 846 | 695 | 1143 | 2292 | 604 | 114 | 1115 | 273 | 1245 | 988 | | | | | |
| Dallas TX | 1414 | 2222 | 1791 | 1337 | 1240 | 643 | 1015 | 1161 | 1170 | 1649 | 495 | 940 | 1394 | 1431 | 505 | 241 | 1194 | 797 | | | | | | | |
| Denver CO | 1707 | 1426 | 1267 | 1243 | 497 | 858 | 904 | 1770 | 1902 | 1852 | 1292 | 2126 | 1189 | 604 | 1047 | 1038 | 1302 | | | | | | | | |
| Detroit MI | 525 | 2457 | 2492 | 2344 | 1725 | 514 | 2072 | 588 | 1171 | 632 | 1143 | 693 | 1395 | 2448 | 752 | 326 | | | | | | | | | |
| Houston TX | 1501 | 2445 | 1984 | 1578 | 1502 | 1206 | 1648 | 1042 | 1742 | 363 | 1306 | 1564 | 714 | 1010 | | | | | | | | | | | |
| Indianapolis IN | 572 | 2375 | 2353 | 2151 | 1528 | 242 | 1769 | 647 | 995 | 729 | 831 | 598 | 1219 | 2182 | 503 | | | | | | | | | | |
| Kansas City MO | 1066 | 1984 | 1903 | 1651 | 1105 | 255 | 1274 | 1141 | 1278 | 1223 | 435 | 1485 | 1651 | | | | | | | | | | | | |
| Los Angeles CA | 2754 | 1193 | 377 | 126 | 704 | 1942 | 379 | 2829 | 2661 | 2911 | 1947 | 2053 | 2885 | | | | | | | | | | | | |
| Miami FL | 1096 | 3469 | 3238 | 2881 | 2621 | 1231 | 2417 | 1231 | 224 | 1325 | 881 | 1786 | | | | | | | | | | | | | |
| Minneapolis MN | 1116 | 1691 | 2077 | 2083 | 1309 | 553 | 1669 | 1179 | 1562 | 1261 | 228 | | | | | | | | | | | | | | |
| New Orleans LA | 1165 | 2731 | 2300 | 1934 | 1735 | 690 | 1553 | 1312 | 657 | 1406 | | | | | | | | | | | | | | | |
| New York NY | 236 | 3025 | 3082 | 2851 | 2275 | 969 | 2527 | 91 | 1101 | | | | | | | | | | | | | | | | |
| Orlando FL | 872 | 3245 | 3014 | 2657 | 2397 | 1007 | 2193 | 1007 | | | | | | | | | | | | | | | | | |
| Philadelphia PA | 140 | 2943 | 2960 | 2779 | 2193 | 887 | 2445 | | | | | | | | | | | | | | | | | | |
| Phoenix AZ | 2370 | 1197 | 806 | 364 | 646 | 1543 | | | | | | | | | | | | | | | | | | | |
| Saint Louis MO | 916 | 2238 | 2157 | 1909 | 1359 | | | | | | | | | | | | | | | | | | | | |
| Salt Lake City UT | 2130 | 924 | 730 | 812 | | | | | | | | | | | | | | | | | | | | | |
| San Diego CA | 2705 | 1314 | 525 | | | | | | | | | | | | | | | | | | | | | | |
| San Francisco CA | 2897 | 786 | | | | | | | | | | | | | | | | | | | | | | | |
| Seattle WA | 2880 | | | | | | | | | | | | | | | | | | | | | | | | |
| Washington DC | | | | | | | | | | | | | | | | | | | | | | | | | |

**9**

## CÓMO CONDUCIR (driving)

- La conducción (driving)

- Cómo encontrar el camino correcto (finding your way)

- El estacionamiento (parking)

- La policía de caminos (highway patrol)

- Las licencias de conducir estadounidenses (driver's license)

- Beber o conducir (drink or drive)

- Renta de autos (renting a car)

- Algunos señalamientos (road signs)

# 9 CÓMO CONDUCIR (driving)

En Estados Unidos, el automóvil es un rey todopoderoso. Hay varias razones para ello: las grandes distancias, la dispersión de las casas en los *suburbios* (suburbs) —que siempre están lejos del centro— el bajo precio de la *gasolina* (gas) y la falta de *transporte público* (public transportation).

El uso del automóvil está tan integrado a la mente de los estadounidenses para una gran cantidad de actividades, que en otros países jamás se pensaría hacer de otra manera que no fuera a pie o al aire libre. Utilizan el auto con la mayor naturalidad del mundo para comer en un restaurante (drive-in restaurant), hacer sus trámites bancarios (drive-in bank), ver una película (drive-in theater) o, incluso, asistir a ceremonias religiosas en una drive-in church. En muchas ciudades grandes todo está organizado para que el automovilista no tenga que bajar de su auto y, si se ve obligado a hacerlo, no quede expuesto a la intemperie.

Pese a lo que se piensa en otras partes del mundo, es sorprendente verificar que el automóvil no es para los estadounidenses un *símbolo de status* (status symbol), si bien es cierto que la nueva generación de *"jóvenes ejecutivos"* (yuppies) tiende a contradecir esta imagen debido a su predilección por los autos elegantes de importación. Sin embargo, la edad media y el estado del lote de autos pone de manifiesto un descuido o una despreocupación sorprendentes en un país rico.

## ● LA CONDUCCIÓN (driving)

El turista, quien debe poseer una *licencia de conducir internacional* (international driver's license), no tiene ninguna dificultad para adaptarse al modo de conducir de los estadounidenses. Sin embargo, debe armarse de paciencia y respetar al pie de la letra las indicaciones del reglamento de tránsito (driving regulations).

Salvo en las grandes ciudades como Nueva York, los estadounidenses están acostumbrados a circular con bastante tranquilidad. Es mal visto *conducir en "zigzag"* (to weave in and out of traffic) para salir de un *embotellamiento* (traffic jam) en la ciudad o en una *autopista* (super highway/Interstate). La regla general es que se debe conducir sin brusquedad, previendo con mucha anticipación los cambios de velocidad y de dirección. Por otra parte, en las ciudades los *peatones* (pedestrian) tienen *preferencia* (right of way) absoluta, así que más vale no arrancar demasiado rápido en los *semáforos* (traffic light).

— ¿Podría mostrarme su licencia de conducir?
**Could I see your driver's license?**

— Por favor use el cinturón de seguridad; es obligatorio.
**Please buckle up; it's the law!**

— Por trabajos de construcción, la velocidad de la circulación disminuirá considerablemente.
**Traffic will be slowed considerably, due to construction work.**

— Evite el periférico, hay muchos embotellamientos.
**Avoid the beltway, as there are many bottlenecks on it.**

— Automovilistas, cedan el paso a los peatones en las zonas marcadas para que éstos crucen.
**Motorists, yield to pedestrians on crosswalk.**

— Acaba de pasarse un alto.
**You just ran a red light.**

— ¿Cuál es el límite de velocidad en la ciudad?
**What's the speed limit in town?**

— Disminuya la velocidad, hay un tope adelante.
**You'd better slow down, there's a bump ahead.**

— ¿Quién tiene la preferencia en este crucero?
**Who has right of way at this intersection?**

— Debe ceder el paso a todos los vehículos que llegan.
**You must yield to all incoming vehicles.**

— No puede perderse; es todo de frente.
**You can't miss it; it's straight ahead.**

— Avance 16 km por la carretera nacional 280 y dé vuelta a la izquierda en la carretera municipal 27.
**Drive 10 miles north on US 280 and make a left on county 27.**

— Tome la salida 25 de la autopista 65 sur.
**Take exit 25 off interstate 65 south.**

---

A los peatones europeos les impresionará la disciplina de los peatones estadounidenses: sólo cruzan por las zonas para peatones y cuando se pone el alto. Además, si un peatón cruza la calle fuera de estas zonas, los autos se detendrán en seco para dejarlo pasar (salvo, tal vez, en Manhattan).

En todas las vías, incluso si va en sentido opuesto por una *vía rápida de cuatro carriles* (four-lane highway), debe estar muy atento para detenerse cuando vea alguno de los omnipresentes *autobuses escolares* (school bus), que recogen o dejan a los niños en la acera del lado derecho. Asimismo, debe tener en cuenta que en la mayoría de los condados, los conductores de estos autobuses deben hacer alto total en todos los *cruceros de ferrocarril* (railroad crossing) para asegurarse de que no se aproxime ningún tren.

En la mayoría de los cruceros, puede *dar vuelta a la derecha* (to turn right) en forma continua tras cerciorarse de que no viene ningún auto por la *izquierda* (left); de igual forma, es muy frecuente que el auto que da vuelta a la izquierda en un semáforo tenga preferencia sobre el que viene en sentido opuesto y va a seguir de frente. En muchas ciudades pequeñas, existen los llamados 4-waystops, cruceros de cuatro direcciones, en los que todos los autos deben detenerse, la preferencia corresponde al primero que llega a la intersección. Si llegan varios autos al mismo tiempo, tiene la preferencia el que esté a su derecha.

## ● CÓMO ENCONTRAR EL CAMINO CORRECTO (finding your way)

Para encontrar el camino correcto en la carretera, en otros países se fijan en el nombre de las ciudades por las que deben *pasar* (drive through), por ejemplo, toman la dirección hacia Guadalajara, Monterrey o Puebla. En cambio, los estadounidenses se refieren más bien al *número de la carretera* (highway number) que deben seguir para llegar a su destino. Por consiguiente, le indicarán que tome la Interstate 40 oeste hasta la *intersección* (intersection) con la Interstate 25 norte.

Después de un tiempo, uno se acostumbra a este sistema, que le permite desplazarse *por todas partes* (everywhere) en Estados Unidos y llegar sin problemas a su destino.

## ● EL ESTACIONAMIENTO (parking)

Las reglas de estacionamiento son más o menos las mismas que en otros sitios, sólo que, cuando es posible, se prefiere el estacionamiento en *batería* (at angle/diagonally) al *paralelo a la acera* (parallel parking). Debe prestar atención a los señalamientos "no parking-no standing", que prohíben incluso pararse momentáneamente. De no respetarlos, corre el riesgo de que de inmediato lo *retiren de la vía pública* (tow-away) o coloquen *un cepo* (boot, clamp) en su auto. En su mayoría, las tiendas cuentan con *estacionamiento exclusivo para sus clientes* (customers-only parking), en ocasiones tendrá que sellar el *boleto de estacionamiento* (parking slip) en la tienda donde haga sus compras. (Atención: ¡el parking ticket es una infracción por la que deberá pagar una *multa* (fine)!).

— Prohibido estacionarse./ **This is a no parking zone.**
— Se suplica al propietario del automóvil con placas X que mueva su auto o nos veremos obligados a retirarlo de la vía pública.
  **Owner of car license number X, please move your car or it will be towed away.**
— Le aplicaron una multa de 300 dólares por arrojar basura a la carretera.
  **He was fined 300 dollars for littering the highway.**
— El policía me levantó una infracción por estacionarme indebidamente.
  **The policeman gave me a parking ticket.**
— Ésta es infracción de tránsito.
  **This is a traffic violation.**
— Atención, se mide la velocidad con radar.
  **Speed checked by detection devices/by radar.**
— La detuvieron por exceso de velocidad.
  **She was caught for speeding.**
— La policía lo multó por conducir con imprudencia.
  **The police fined him for reckless driving.**
— ¿Tiene otra identificación?
  **Do you have any other ID?**
— Debo renovar mi licencia de conducir cada 5 años.
  **I must renew my driver's license every five years.**
— Llevé clases de conducción en la preparatoria.
  **I took driver's education in high school.**
— Estás bebido; no puedes conducir.
  **You're drunk; you can't drive.**
— Usted sabe cuánto y cuándo.
  **Know when to say when (publicidad contra el alcohol).**
— Tuvo un accidente; su auto quedó destrozado.
  **He had an accident; his car is a total wreck.**

---

*Automóvil automático* (automatic shift car)

N = **neutral** = punto muerto
D = **drive 1, drive 2, drive 3** = marcha, lenta, media, rápida
R = **reverse** = reversa
P = **park** = estacionamiento

## ● LA POLICÍA DE CAMINOS (highway patrol)

Puede ser una experiencia curiosa el que lo detenga la policía en la carretera por *exceso de velocidad* (**speeding**), *conducción imprudente* (**reckless driving**) o le levanten una *infracción de tránsito* (**driving violation**): en vez de rebasarlo e intimidarlo con la orden de *detenerse en la orilla del camino* (**to pull up**), la patrulla lo seguirá con las luces encendidas y (rara vez) haciendo sonar la sirena. Esto no significa que intente *rebasarlo* (**to pass**), sino que lo invita a detenerse. El agente le pedirá que salga del auto y en ocasiones que ponga las manos sobre el techo para poder registrarlo rápidamente (¡como en las películas!). En caso de infracciones graves, deberá presentarse en el tribunal (no obstante, en la mayoría de los casos cuando llegue la fecha en que deba comparecer usted ya estará en un estado vecino o de regreso en su país de origen).

## ● LAS LICENCIAS DE CONDUCIR ESTADOUNIDENSES (driver's license)

Con frecuencia, los permisos de conducir son la única identificación (**identification paper-ID**) de que disponen los estadounidenses, de manera que reemplaza al carnet de identidad de algunos países y se utiliza en cualquier situación. Si bien prevalece una gran uniformidad, cada estado y cada condado tiene sus propias reglas.

En la mayor parte de los estados, los estadounidenses pueden obtener la licencia de conducir a partir de los dieciséis años; en el oeste, donde las grandes distancias constituyen un impedimento, los niños de 14 años pueden beneficiarse de *dispensas* (**dispensation**). En muchos estados, se imparten *lecciones de conducción* (**driver's education class**) en las escuelas y los padres pueden enseñar a conducir a sus hijos si éstos obtienen un permiso de *aprendiz* (**learner's permit**), por lo que las *autoescuelas* (**driving-schools**) son relativamente escasas.

## ● BEBER O CONDUCIR (drink or drive)

En Estados Unidos, el número de personas que *conducen en estado de ebriedad* (**driving under the influence of alcohol-DUI**) constituye un grave problema. Muchos jóvenes estadounidenses aprovechan la libertad que les da el automóvil para beber ahí cerveza u otras bebidas alcohólicas, aunque esta práctica es *ilegal* (**illegal**).

El número de *accidentes* (**accidents**) provocados por la ingestión de bebidas alcohólicas es muy variable dependiendo de la época del año. Son particularmente peligrosos los siguientes fines de semana: el del *Memorial Day*, la fecha en que se conmemora la independencia (**Fourth of July**) y el de **Thanksgiving**, en noviembre.

## ALGUNOS SEÑALAMIENTOS (road signs)

— Men at work/Construction work ahead. *¡Precaución, hombres trabajando!*
— No U-turn. *Prohibido dar vuelta en U.*
— Park at angle. *Estacionamiento en batería.*
— Detour ahead. *Desviación.*
— All traffic merge left. *Los vehículos deben formar un solo carril por la izquierda.*
— Right lane must exit. *Utilice el carril derecho para salir.*
— Caution slippery when wet. *Precaución, camino resbaladizo en tiempo húmedo.*
— One-hour parking. *Una hora de estacionamiento.*
— Customer parking only. *Estacionamiento reservado para clientes.*
— Emergency parking only. *Estacionamiento de emergencia.*
— No passing zone. *Prohibido dar vuelta.*
— Slower traffic keep right. *Los vehículos lentos deben circular por el carril de la derecha.*

## EL HUMOR EN LOS SEÑALAMIENTOS

— **Soft shoulders** significa *acotamientos sueltos*, aunque literalmente signifique "hombros suaves".

— Tranquilícese: puede estar de pie en una acera al lado de un señalamiento que diga **No standing** (lit.: *No permanecer de pie*), lo que no puede hacer es estacionar su automóvil ahí, ni siquiera unos cuantos minutos.

— **Bear left ahead.** Incluso en un parque nacional famoso por su gran cantidad de osos, este señalamiento indica que debe dar vuelta a la izquierda o pasar al carril de la izquierda. Sin embargo, *"Precaución, oso adelante a la izquierda"* ¡es un aviso muy tentador!

— Las militantes del MLF (Women's Liberation Movement) aún no han hecho que se suprima el siguiente señalamiento sexista que significa *"Precaución, hombres trabajando"*: **Men at work.**

— En Nueva York podemos encontrar **Don't even think of parking here:** *Ni se le ocurra estacionarse aquí.*

— En San Francisco, **Prevent Runaways** (lit.: *Evite las fugas*) y **Curb your wheels** (*Voltee sus llantas hacia la acera*) le recuerdan que está estacionándose en una pendiente muy pronunciada.

## ● ALQUILER DE AUTOS (renting a car)

Al llegar al aeropuerto, un turista puede alquilar un automóvil en alguna de las numerosas *arrendadoras* (rental office). Si no realizó el trámite antes de salir, le preguntarán si desea un automóvil de *lujo* (luxury) o *económico* (economy), con *cambio de velocidades* (shift), *automático* (automatic) o *estándar* (standard), *importado* (imported) o nacional, con *seguro de cobertura amplia* (comprehensive insurance), ya sea con o sin *deducible* (deductible), y también si desea pagar por kilometraje o tener *kilometraje ilimitado* (unlimited mileage). Una vez efectuadas todas estas formalidades, un *colectivo* (shuttle) de la compañía lo llevará al área reservada para los *arrendadores* (car rental area). Lo dejarán justo frente al automóvil reservado para usted.

Cuando devuelva el automóvil, debe seguir los señalamientos que anuncian la *zona de devolución de automóviles* (rental car return area). Al entrar en el *área* (premises) reservada para la compañía arrendadora, debe tener cuidado de hacerlo por la *entrada* (entrance) adecuada, pues estas áreas están equipadas con cuchillas que revientan las llantas si pasa *en sentido contrario* (in the wrong direction).

También puede alquilar *casas-remolque* (motor home).

---

Si renta un auto para hacer un recorrido fuera de la ciudad, le conviene *afiliarse* (membership) a la American Automobile Association o AAA ("triple A"). Por un módico precio le darán *mapas* (maps) y *guías* (guide books) para todos los estados y, lo más importante, lo sacarán de apuros dondequiera que se encuentre. Incluso si se *queda sin gasolina* (to run out of gas), bastará con llamarlos por teléfono para que le lleven gasolina y sólo tendrá que pagar los galones que necesite para arrancar su auto.

---

### EL AUTOSTOP* (hitch-hiking)

En buena parte del país, no es tan fácil como antes *hacer autostop* (to hitch-hike). Los diarios están llenos de historias terribles sobre lo que les sucedió a buenos ciudadanos por ayudar a *extraños* (strangers, desconocidos). No se recomienda detenerse para llevar a una mujer sola, es mejor llevar a una *pareja* (couple) o a dos muchachas.

Es ilegal hacer autostop en las autopistas *interestatales* (interstate highways); en ciertos estados no se permite hacerlo en ningún lugar, así que es mejor que primero se informe.

¡Esta tarea le será más fácil si sostiene un letrero en el que indique su destino y su nacionalidad!

\* En México, *aventón*.

● — Quisiera rentar un auto por cuatro días. ¿Cuál es su mejor tarifa?
   **I would like to rent a car for four days. What is your best rate?**

— ¿Qué tipo de auto le gustaría? ¿Grande o económico?
   **What kind of car do you want? Full-size or economy?**

— ¿Con cambio de velocidades automático o estándar?
   **Automatic or standard gear shift?**

— ¿Desea un seguro para el deducible?
   **Do you want insurance for the deductible?**

— ¿Desea kilometraje ilimitado?
   **Do you want free unlimited mileage?**

— Debe dejar un depósito de 500 dólares si no tiene tarjeta de crédito.
   **You need to make a 500 dollar deposit if you do not have a credit card.**

— Por favor devuelva el automóvil a más tardar el lunes por la mañana.
   **Please return the car by Monday morning at the latest.**

— La gasolina corre por su cuenta (no está incluida en el precio).
   **Gas will be extra.**

— El colectivo lo llevará a la zona donde recogerá su automóvil.
   **The shuttle will take you to the car pick up area.**

— Revisamos su automóvil y se encuentra en perfectas condiciones.
   **Your car has been checked and is in perfect driving condition.**

— Entrada. No avance en reversa.
   **Enter here; do not back up.**

● — Llene el tanque de gasolina sin plomo, por favor.
   **Please fill it up with unleaded.**

— ¿Puede revisar el aceite y las llantas, por favor?
   **Could you check the oil and the tire pressure, please?**

— Mi auto se descompuso. ¿Me permite utilizar su teléfono?
   **My car has broken down. May I use your phone?**

— Tuve un accidente/Me quedé sin gasolina en la carretera.
   ¿Podrían enviar una grúa, por favor?
   **I had an accident/I ran out of gas on the highway. Can you please send a tow-truck?**

## CONDUCIR EN ESTADOS UNIDOS (driving in the USA)

Como sucede tantas veces en el extranjero, el desconocimiento de las prácticas y de las leyes puede hacer que la conducción de un automóvil sea muy sencilla o desastrosa. Así es, bastan unos cuantos errores graves de atención para meterse en problemas serios **(serious trouble)**. ¿Entonces qué debe saber para evitarlos? Tres cosas: que en ningún caso conducir un auto es una competencia entre automovilistas **(drivers)** —la función primordial del auto es servir de medio de transporte—, que la regla general es el respeto a la reglamentación y, más que nada, a las personas —en especial si se trata de peatones, pese a las historias que a véces se leen sobre automovilistas furibundos que se abren paso a balazos—, y por último, que la aplicación de la ley **(law enforcement)** no hace excepciones: cuando un agente lo infracciona, no tiene nada contra usted, simplemente sanciona una violación **(violation)** que él considera grave. La mejor forma de evitar líos es respetar los límites de velocidad, a menudo muy bajos. Por lo general se sanciona cualquier exceso de velocidad **(speeding)**, lo que a usted puede sorprenderlo, pero no tiene caso discutir la realidad de la falta, a lo sumo puede tratar de justificarse. En alguna ocasión un policía de caminos de California detuvo a un extranjero debido a que, para sorpresa de este último, ¡conducía a una velocidad demasiado baja!: el turista iba por los carriles centrales para apreciar mejor el espectáculo del océano que se extendía a su izquierda. Tampoco debe *zigzaguear* **(to weave)** en los carriles **(lanes)** de las autopistas, ni intentar siquiera cerrársele a los otros autos.

Finalmente, en las ciudades conviene que siempre deje cruzar a los peatones, sobre todo a los que utilizan los cruces peatonales **(pedestrian crossing** o ''**ped Xing**''), lo que sucede la mayoría de las veces. No respetar las disposiciones concernientes al estacionamiento constituye un delito **(offense)** grave y costoso.

Prohibido dar vuelta en U

Curva cerrada
Velocidad recomendada:
20 millas

Prohibida la entrada

Ceda el paso

Velocidad máxima:
35 millas

Un solo sentido

No estacionarse

Crucero

Crucero con un camino preferencial

Paso a desnivel

● LOS SEÑALAMIENTOS (road signs)

Los señalamientos informativos están en blanco y negro.

Los señalamientos preventivos son amarillos.

Los señalamientos para anunciar obras en la vía pública son anaranjados.

Los señalamientos que indican dirección y salida de las autopistas son verde oscuro. Atención: con frecuencia los señalamientos que indican direcciones están escritos con abreviaturas, por ejemplo: **New Jersey Turnpike** se convierte en **NJ TPKE** y **Massachusetts Turnpike** se vuelve **MASS PIKE**. A menudo **highway** se abrevia **HWY; Expressway, EXPY**, etc.

Las salidas no siempre están a la derecha: puede verse **This lane** *(esta vía/carril)* o **Next left** (próxima salida a la izquierda) después del nombre para ayudar al automovilista a colocarse adecuadamente.

Las señales que indican servicios al borde de la carretera son azules; indican el tipo de servicio: **Food and lodging next right** *(Restaurante y hotel, próxima salida a la derecha)*.

105

# 9    CÓMO CONDUCIR (driving)

| | |
|---|---|
| accidente | accident |
| aceite | oil |
| acelerador | accelerator, ''the gas'' |
| aduana | customs |
| agua | water |
| agua destilada | distilled water |
| ahogarse (el motor) | to stall |
| aire | air |
| ala | wing |
| alternador | alternator |
| amortiguador | shock absorber |
| apagar | to turn off |
| automóvil | car |
| autopista | highway |
|   de cuota | turnpike [te:ʳnpaïk] |
| ayuda | help |
| batería | battery |
| bicicleta | bike [baïk] |
| biela | connecting-rod |
| bloqueado | jammed |
| bomba de gasolina | fuel pump |
| bote de gasolina | jerrycan |
| bujías | spark plugs |
| cabeza del cilindro | cylinder head |
| caja de velocidades | gear box |
| calefacción | heating |
| cámara de aire (llantas) | tube |
| cambiar el aceite | to change the oil |
| cambiar una pieza | to change a part |
| carburador | carburetor |
| carril | track |
| carrocería | body |
| cárter del cigüeñal | crankcase |
| cerradura | lock |
| cilindro | cylinder |
| cochera | garage |
| cofre | hood |
| conducir | to drive |
| contacto | contact |
| | contract |

106

| | |
|---|---|
| contrato | contract |
| correa del ventilador | fan belt |
| corto circuito | short-circuit |
| curva | curve |
| deducible | deductible [didoektibel] |
| defensa | bumper, fender |
| depósito | deposit [dipozit] |
| derecha | right |
| desarmador | screwdriver |
| descompostura | breakdown |
| diario | day by day |
| diesel | diesel |
| direccionales | turn signal, blinker |
| disminuir la velocidad | to slow down |
| embrague | clutch |
| encender (los faros) | turn on lights |
| entrada | entrance |
| espejo retrovisor | rear-view mirror |
| estación de servicio | filling station |
| estacionamiento | parking |
| faros | headlight |
| foco | bulb |
| freno de mano | parking brake |
| frenos | brakes |
| frente | front |
| frontera | border |
| fuga | leak |
| fundir una biela | to throw a rod |
| gasolina de alta volatilidad | premium [pri:miem], high test |
| gasolina extra sin plomo | unleaded |
| gasolina regular | regular (gas) |
| gato | jack |
| grúa | tow truck |
| infracción | violation |
| intermitentes | crosslights |
| izquierda | left |
| licencia de conducir | driver's license |
| licencia de conducir internacional | international driving permit |

107

| | |
|---|---|
| límite | limit |
| limpiaparabrisas | windshield wipers |
| limpiar | to clean |
| linterna | flashlight |
| líquido de frenos | brake fluid |
| luces | lights |
| luces bajas/altas | low beam/high beam |
| luces de estacionamiento | parking light |
| luces delanteras | headlights |
| luces traseras | tail light |
| luz | light |
| llanta | tire |
| llanta de refacción | spare tire [spèe$^r$ taïe$^r$] |
| llanta ponchada | flat tire |
| llave | key |
| llave de encendido | ignition key |
| llave de tuercas | spanner |
| llenar | to fill |
| llenar (el tanque) | fill it up |
| manivela/cigüeñal | crank |
| mapa de carreteras | map |
| maquinaria | engine |
| mecánico | mechanic [mikanik] |
| medidor | gauge/dipping-rod |
| mofle | muffler |
| motor | engine |
| multa | fine |
| obras | construction |
| obturador | choke |
| palanca de velocidades | gearshift |
| paquete | package [pakidj] |
| parabrisas | wind shield |
| pedal del acelerador | gas pedal |
| pedal del embrague/clutch | clutch pedal |
| pedal del freno | brake pedal |
| peligroso | dangerous |
| pinzas | pliers |
| pistón | piston [pisten] |
| portezuela | car door |

| | |
|---|---|
| prohibido | forbidden |
| prueba de aliento alcohólico | alcohol test |
| radar | radar [réïde$^r$] |
| radiador | radiator [réïdiéïte$^r$] |
| reparación | repairs [ripèe$^r$] |
| reparar | to repair, to fix |
| reversa | back |
| revisar | to check |
| revisión | check-up |
| roto | broken |
| rueda | wheel |
| seguro | insurance [inshurens] |
| sistema de ignición | ignition system [ignishen] |
| surtidor del carburador | carburetor jet |
| suspensión | suspension |
| tanque | tank |
| tubo de escape | exhaust pipe [ig'zo:st païp] |
| tocar la bocina | to honk |
| túnel | tunnel |
| válvula | valve |
| vehículo | vehicle [vi:ikel] |
| velocidad | speed |
| velocímetro | speedometer |
| ventanilla | car window |

CDW (collision damage waiver): seguro contra daños a terceros.
Full collision waiver: seguro de cobertura amplia.
Drop-off charge: cargo adicional que se pide cuando el auto se entrega en un sitio distinto del que se recogió.
One-way: cuando el automóvil se entrega en una ciudad distinta de donde se ha rentado.
Round-trip: viaje redondo (el automóvil se entrega en la ciudad donde se rentó).
X... free mileage: X... kilometraje gratuito.
Unlimited mileage: kilometraje ilimitado.

Por lo general, en las ciudades el *límite de velocidad* (speed limit) es de 25 m.p.h. (miles per hour) y en las carreteras de los alrededores de las ciudades, de 55 m.p.h.; a partir de 1990, es de 65 m.p.h. en la mayoría de las autopistas alejadas de las ciudades.

En Estados Unidos, las medidas de longitud y las distancias no corresponden al sistema métrico:

1 yard (1yd) = 0.914 metro
1 foot (1ft, 1') = 30.48 centímetros
1 inch (1in, 1'') = 2.54 centímetros
1 mile (1ml) = 1.609 kilómetros
por lo tanto: 10 centímetros = 3.94 **inches**
                  1 metro = 3.28 **feet** y 100 metros = 109.36 **yards**
                  1 kilómetro = 0.62 **mile** y 5 kilómetros = 3.11 **miles**

| Kilómetros a **miles** | | | | | | | | | | 1 km = .62 milla | | |
|---|---|---|---|---|---|---|---|---|---|---|---|---|
| km | 10 | 20 | 30 | 40 | 50 | 60 | 70 | 80 | 90 | 100 | 110 | 120 | 130 |
| millas | 6 | 12 | 19 | 25 | 31 | 37 | 44 | 50 | 56 | 62 | 68 | 75 | 81 |

| Miles a kilómetros | | | | | | | | 1 milla = 1.609 km | |
|---|---|---|---|---|---|---|---|---|---|
| millas | 10 | 20 | 30 | 40 | 50 | 60 | 70 | 80 | 90 | 100 |
| km | 16 | 32 | 48 | 64 | 80 | 97 | 113 | 129 | 145 | 161 |

Las medidas de capacidad también son distintas:
1 **gallon** = 3.785 litros en Estados Unidos
1 **quart** = 0.946 litro en Estados Unidos
1 **pint** = 0.473 litro en Estados Unidos
Para ayudarlo a calcular, a continuación le presentamos algunos ejemplos:

| DE LITRO A GALÓN | | | | DE GALÓN A LITRO | | | |
|---|---|---|---|---|---|---|---|
| litros | galones | litros | galones | galones | litros | galones | litros |
| 5 | 1.3 | 30 | 7.8 | 5 | 18.9 | 30 | 113.4 |
| 10 | 2.6 | 35 | 9.1 | 10 | 37.8 | 35 | 132.4 |
| 15 | 3.9 | 40 | 10.4 | 15 | 56.7 | 40 | 151.4 |
| 20 | 5.2 | 45 | 11.7 | 20 | 75.7 | 45 | 170.3 |
| 25 | 6.5 | 50 | 13.0 | 25 | 96.6 | 50 | 189.2 |

# 10

## CÓMO CUIDARSE (taking care of yourself)

- Cómo explicar que se siente mal
  (to be in pain)
- Atención médica
  (getting medical attention)
- Con el médico (at the doctor's)
- En la farmacia (at the pharmacy)
- La organización de los servicios médicos

● *Enfermarse* (**to get sick, ill**) o tener necesidad de cuidados médicos en el extranjero constituye siempre una experiencia desagradable. En general, en el aspecto financiero, todos los planes de *seguros* (**insurances**) que suelen adquirir los turistas cubren bastante bien este tipo de incidentes.

● Sin embargo, ya en Estados Unidos, puede resultarle problemático.

● Enfrentarse al sistema médico y a las costumbres de la *medicina* (**medical profession**) del país. Conocer, aun de modo parcial, la manera en que los estadounidenses se atienden le permitirá desenvolverse mejor en caso de que tenga necesidad de acudir al médico.

● Siempre será de utilidad para quienes están *en tratamiento* (**on medication**) o usan *lentes* (**glasses**) llevar consigo una receta y la *composición* (**fórmula química**) de los medicamentos que toman. Con ello podrán encontrar rápidamente el medicamento equivalente o reemplazar un *cristal* (**lens**) roto, por ejemplo.

● CÓMO EXPLICAR QUE SE SIENTE MAL (to be in pain)

Saber explicar dónde y cómo sentimos un dolor es la primera dificultad que se presenta. Existen varias palabras para designar el *dolor* o el *malestar* (**pain, ache, sickness, to hurt, to suffer**).

Asimismo, debe prestar atención a los falsos cognados: por ejemplo, *complexión* se dice **constitution** y la palabra inglesa complexion quiere decir *tez, color de piel*; por otra parte, los *dedos de los pies* se dicen **toes** y no **fingers** (*dedos de la mano*).

● ATENCIÓN MÉDICA (getting medical attention)

En Estados Unidos, hay pocos *médicos generales* (**general practitioner-GP**) pues las especializaciones ofrecen mejores perspectivas profesionales. Rara vez se desplazan, uno debe ir a su *consultorio* (**office/clinic**) aunque se sienta muy *mal* (**sick, ill**). El servicio de *ambulancias* (**ambulance**) no es muy común y se considera absolutamente normal llevar a un enfermo en un coche particular.

Si se está quedando con unos amigos, es mejor que se informe con ellos para elegir un médico. Sólo en contadas ocasiones existe el *médico de la familia* (**family doctor**), pero en general todos saben a quién acudir en caso de emergencia.

Hay tantos *hospitales públicos* o *privados* (**public/private hospital**) que por lo general no se sabe a dónde llevar al enfermo. Al igual que en otros países, la mayoría de los *especialistas* (**specialist**) trabajan en uno o varios hospitales además de atender su consultorio.

Desde luego, antes de aceptar a un enfermo, la administración del hospital desea saber cómo se pagará la cuenta. El paciente debe mostrar una *tarjeta de crédito* (**insurance card**) que garantice el pago. Siempre se escuchan historias horribles de personas agonizantes transportadas de hospital en hospital porque no cumplen con este requisito.

● CON EL MÉDICO (at the doctor's)

Antes que nada, notará que los médicos estadounidenses temen que los pacientes insatisfechos los *demanden por negligencia profesional* (**to be sued-a malpractice suit**), algo que sucede con mucha frecuencia.

— No me siento bien (me siento enfermo). ¿Podría recomendarme a un buen médico?
**I do not feel well (I feel sick). Could you recommend a good doctor?**

— Me parece que necesita atención médica.
**I think you need medical attention.**

— ¿Dónde le duele?/**Where do you feel pain?**

— ¿Le duele la rodilla?/**Does your knee hurt?**

— Me duele la cabeza/el estómago/los dientes.
**I've got a headache/stomachache/toothache.**

— Me duele la pierna cuando camino.
**My leg hurts when I walk.**

— Me mareo cuando estoy de pie.
**I feel dizzy when I stand.**

— Creo que simplemente comió demasiado.
**I think you've simply overeaten.**

— Lo siento, el doctor Lewis no hace visitas a domicilio; usted debe venir al consultorio.
**Sorry, Dr. Lewis does not make housecalls; you need to come here to his office.**

— Enséñame la barriguita (El médico a un niño).
**Let me see that tummy.**

— Tal vez el cirujano tenga que operarlo.
**The surgeon might have to perform an operation/operate on you.**

— ¿Podría llevarme (en auto) al consultorio médico más cercano?
**Could you drive me to the nearest doctor's office?**

— Hay que llevarla a la sala de urgencias.
**She needs to be taken to the emergency ward.**

— Mañana lo trasladaremos a la unidad de terapia intensiva.
**We'll take you out to the ICU (intensive care unit) tomorrow.**

— ¿Cuándo será la próxima cita?
**When will the next appointment be?**

— Desvístase por favor, sólo quédese en ropa interior.
**Please undress to your underwear.**

Muchos médicos piden a sus pacientes que digan o escriban que vinieron por voluntad propia y se someten a su criterio profesional. En general, puede decirse que el médico estadounidense gusta de mostrar sus habilidades técnicas: para cada *afección* (**ailment**) forzosamente encuentra un *remedio* (**cure/remedy**), lo que lo hace más bien intervencionista. Por el contrario, la tendencia a *dar recetas* (**to write a prescription**) con numerosos *medicamentos* (**prescription drug**) que deben tomarse por periodos prolongados es poco común.

● EN LA FARMACIA (**at the pharmacy**)

Por lo menos de nombre, muchas personas conocen las famosas drugstores. La **drugstore** estadounidense es una tienda popular donde pueden comprarse diversos productos de primera necesidad: *papelería* (**stationery**), *cosméticos* (**cosmetics**), productos para la limpieza del hogar, *alimentos* (**food**), toda clase de *golosinas* (**sweets**) y en ocasiones hasta sandwiches. Se utiliza el autoservicio en el caso de los *medicamentos de venta libre* (**over-the-counter drugs**), por ejemplo, *pastillas contra la tos* (**cough drops**), *laxantes* (**laxatives**) o *analgésicos* (**pain killers/relievers**).

Al fondo de la tienda se encuentra la farmacia propiamente dicha. Se deja ahí la receta y los medicamentos se recogen una o dos horas después.

A diferencia de las farmacias de otros países, que venden medicamentos ya preparados, en Estados Unidos se venden a *granel* (**in bulk**). El farmacéutico añade los principios activos a las *cápsulas* (**capsule**) y las coloca en un *recipiente* (**bottle**) pequeño de plástico al que adhiere una *etiqueta* (**label**) con el *horario en que se debe tomar el medicamento* (**time of day at which to take the medicine**) y la *dosis* (**dosage**). El encargado de la farmacia del barrio donde vive el paciente, *vuelve a surtir la receta* (**to renew/refill a prescription**) automáticamente después de llamar al consultorio del médico para obtener su autorización. Con esto se evita que el *paciente* (**patient**) tenga que volver a ir al médico.

---

ATENCIÓN: la temperatura se toma por *vía oral* (**orally**). Los *supositorios* (**suppository**) prácticamente no se usan en Estados Unidos.

---

— Por favor llene esta forma de registro para consulta.
**Please, fill in/out this outpatient registration form.** (outpatient = paciente que asiste a consulta al hospital; inpatient = paciente hospitalizado).

— Le aplicaré una inyección para aliviar el dolor.
**I'll give you a shot to relieve the pain.**

— Esta herida requiere algunas puntadas.
**This wound needs a few stitches.**

— Tal vez necesite terapia física.
**You'll probably need physical therapy.**

— Voy a pagar de contado. ¿Podría darme una factura desglosada para mi seguro?
**I'll pay cash. Could you give me a copy of the itemized bill for my insurance company?**

— ¿Cuándo lo dejarán salir del hospital?
**When will he be discharged from the hospital?**

— La farmacia está al fondo de la tienda.
**The drug department is located at the far end/at the back of the store.**

— Tomo este medicamento en Venezuela; ésta es la fórmula. ¿Tiene algo similar?
**I take this drug in Venezuela; here is the formula; do you have anything similar?**

— ¿Podría surtirme esta receta?
**Could you fill this prescription?**

— ¿Cuándo debo tomar estos medicamentos?
**When should I take these drugs?**

— Tome una cápsula azul por la mañana y dos rojas en la noche antes de las comidas.
**That will be one blue capsule in the morning and two red ones in the evening before meals.**

— Lo siento, la venta de este medicamento requiere receta médica.
**Sorry, this is a prescription drug.**

— Si le fluye la nariz, tome hasta seis de estas tabletas al día.
**If your nose runs, take up to six of these tablets a day.**

— Tómese la temperatura (lit.: Póngase esto en la boca)
**Put this in your mouth!** (mostrando el termómetro)

— ¿Qué tipo de seguro médico tiene?
**What sort of health coverage do you have?**

● LA ORGANIZACIÓN DE LOS SERVICIOS MÉDICOS

La seguridad social estadounidense sólo se encarga de las *personas minusválidas* (the handicapped) o *jubiladas* (retired people/retirees). La población económicamente activa debe adquirir un *seguro médico* (health insurance plan) con una *compañía de seguros* (private insurance). Por lo general, esto se hace a través de un agente de la compañía.

Por desgracia, una gran cantidad de estadounidenses no tiene ninguna *cobertura de seguro* (insurance coverage), ya sea porque están *desempleados* (unemployed) o porque son tan pobres que no pueden adquirir este tipo de protección. Además, en muchos casos los *reembolsos* (reimbursements/coverage) son muy inferiores a los que se acostumbran en otros países, en especial en lo que respecta a los *anticonceptivos* (birth control pill) y los *abortos* (abortion), por ejemplo.

Cuando un estadounidense adquiere un plan de seguro médico (por su cuenta o a través de su trabajo), debe ajustarse a reglas muy estrictas: por ejemplo, ciertas *pólizas de seguros* (insurance policy) señalan que la compañía reembolsará la suma máxima sólo si el cotizante consulta a determinados médicos y se atiende en ciertos hospitales. Existen reglas similares que restringen el consumo de medicamentos.

En el marco de la *campaña contra el cigarrillo* (anti-smoking campaign), algunas compañías de seguros decidieron elevar las cotizaciones de los fumadores, pues se comprobó que en promedio requieren más atención médica que los *no fumadores* (non-smokers). Por ello, algunos patrones (que pagan estos seguros) dicen a sus empleados fumadores que deben *dejar de fumar* (to quit smoking) si quieren continuar en su empresa.

---

ATENCIÓN: dado el costo de la atención médica en Estados Unidos, le recomendamos que antes de partir contrate un buen seguro que también cubra *gastos médicos mayores* (major medical expenses).

| | |
|---|---|
| absceso | abcess |
| alergia | allergy |
| algodón | cotton |
| ambulancia | ambulance |
| análisis | laboratory test |
| análisis de sangre | blood test |
| anestesia general | general anesthesia [anèssi:zei] |
| anestesia local | local anesthesia |
| antibióticos | antibiotics [antibaïotiks] |
| apendicitis | appendicitis [apendisaïtis] |
| axila | armpit |
| bronquitis | bronchitis [bronkaïtis] |
| cadera | hip |
| cardiología | cardiology |
| caries | cavity (tooth decay) |
| cirugía | surgery |
| condón | condom, "rubber" |
| consulta | consultation |
| crónico | chronic |
| curación | cure [kiueʳ] |
| dentista | dentist |
| dermatología | dermatology |
| desmayarse | to pass out, to faint |
| desvestirse | to undress |
| diabético | diabetic [daïebetik] |
| diarrea | diarrhea [daïerie] |
| diente | tooth (plural: teeth) |
| digestión | digestion |
| dolor | pain |
| dolor de cabeza | headaches [hèdéïk] |
| dolor de estómago | stomach aches [stoemekéïk] |
| dolor de garganta | sore throat |
| embarazada | pregnant |
| empaste (de diente) | filling |
| encías | gums |
| enfermedad | sickness, illness |
| enfermera | nurse |
| enfermo | sick, ill |
| espalda | back |
| esparadrapo | band-aid |
| estornudar | to sneeze |
| evacuación | stool |
| extraer | to take out |

| | |
|---|---|
| farmacia | pharmacy |
| fatiga | fatigue [feti:g] |
| fiebre | fever [fi:ver] |
| fractura | fracture [frakche'] |
| garganta | throat |
| gastroenterología | gastroenterology |
| ginecología | gynecology |
| gota | drop (la enfermedad se dice gout) |
| gripe | flu |
| hemorragia | hemorrhage [hèmeridj] |
| hemorroide | hemorroide [hèmeroïd] |
| herida | injury |
| hincharse/hinchazón | to swell/swollen |
| hipertensión | high blood pressure |
| hipotensión | low blood pressure |
| hospital | hospital |
| hueso | bone |
| infarto | heart attack |
| inflamación | inflammation |
| intoxicación alimentaria | food poisoning |
| inyección | shot |
| jarabe | syrup |
| jeringa | syringe [sirindj] |
| maternidad | maternity |
| medicamento | medicin |
| médico | doctor |
| músculo | muscle [moesel] |
| nervio | nerve |
| neumonía | pneumonia [niu:meounie] |
| obstetricia | obstetrics |
| operación | operation |
| operar | to operate |
| orina | urine [iuerin] |
| padecer | to suffer |
| palpitación | palpitation |
| pastilla para dormir | sleeping pill |
| pecho | chest |
| pediatra | pediatrician [pi:dietrishen] |
| piel | skin |
| pomada | cream, lotion |
| pulso | pulse |
| quemadura | burn |

118

| | |
|---|---|
| quemadura de sol | sunburn |
| radiografía | x-ray [èks-réï] |
| receta | prescription |
| recostarse | to lie down |
| resfriado | cold |
| respirar | to breathe [bri:ż] |
| reumatismo | rheumatism [ru:metizem] |
| sangrar | to bleed |
| sangre | blood |
| sarampión | measles [mi:zelz] |
| sedante | sedative |
| seno | breast |
| sentarse | to sit down |
| sinusitis | head cold |
| sistema nervioso | nervous system |
| supositorio | suppository |
| tableta | tablet |
| talón | heel |
| tendón | tendon |
| tipo sanguíneo | blood type |
| toalla sanitaria | sanitary napkin |
| torcedura | sprain |
| tos | cough |
| toser | to cough [koef] |
| tratamiento | treatment |
| úlcera | ulcer |
| ultrasonido | sonogram |
| urgencias | emergency |
| vacuna | vaccine [vaksi:n] |
| varicela | chicken pox |
| vejiga | bladder |
| vena | vein [véin] |
| vendaje | bandage |
| vientre | stomach, belly |
| vomitar | to vomit, to throw up |

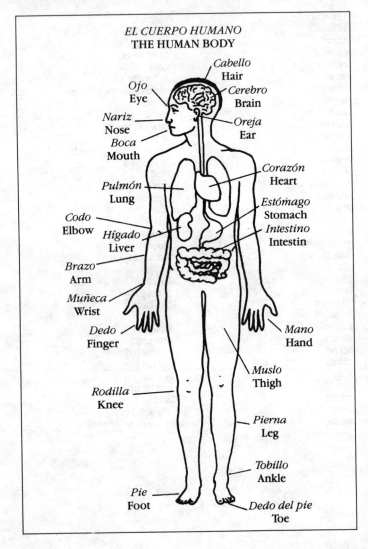

*EL CUERPO HUMANO*
**THE HUMAN BODY**

*Cabello* Hair
*Ojo* Eye
*Cerebro* Brain
*Nariz* Nose
*Boca* Mouth
*Oreja* Ear
*Corazón* Heart
*Pulmón* Lung
*Estómago* Stomach
*Intestino* Intestin
*Codo* Elbow
*Hígado* Liver
*Brazo* Arm
*Muñeca* Wrist
*Dedo* Finger
*Mano* Hand
*Muslo* Thigh
*Rodilla* Knee
*Pierna* Leg
*Tobillo* Ankle
*Pie* Foot
*Dedo del pie* Toe

# 11

## LAS TIENDAS (stores)

- Las compras, una actividad desarrollada

- El pequeño comercio (local shops)

- Una atención de primera

- Reclamaciones (claims, complaints)

- Forma de pago (paying)

- Presentación de las tiendas

- Compras de ropa (buying clothes)

# 11 LAS TIENDAS (stores)

La actividad conocida como "shopping" proviene de Estados Unidos. Hace tiempo ya que los estadounidenses se mudaron a los *suburbios* (**suburbs**) y tuvieron automóviles y *carreteras de cuatro carriles* (**four-lane highways**), lo cual propició el establecimiento de grandes centros comerciales donde pueden hacerse todo tipo de compras, desde *alimentos* (**food**) hasta artículos *"hágalo usted mismo"* (**do it yourself**), pasando por *muebles* (**furniture**) y toda una gama de productos.

Para imaginar cómo se lleva a cabo esta actividad en Estados Unidos, basta con transferir los hábitos que recientemente se han adquirido en esta materia en otras partes del mundo. No obstante, a fin de caracterizarla, conviene saber que el *consumidor* (**consumer**) estadounidense siempre está más ávido de toda clase de productos y es más exigente en cuanto al servicio, pues sus hábitos están determinados por la influencia de los sistemas de su país (leyes, pagos, servicio...). Los movimientos de defensa del consumidor tienen una gran importancia.

● LAS COMPRAS, UNA ACTIVIDAD DESARROLLADA

Con el advenimiento de los *supermercados* (**supermarkets**), los *centros comerciales* (**malls**) y lo que se conoce como *depósitos de fábrica* (**factory outlets**), el estadounidense promedio dispone de una amplia gama para lanzarse a hacer compras. Esta actividad de fin de semana se prepara cuando se lee la importante *sección de anuncios* (**advertising section**) del periódico del día anterior o del mismo día para enterarse de las *ofertas* (**bargains**), *descuentos* (**discounts**), *baratas* (**sales**) y demás promociones de todo tipo que ofrecen las tiendas de la ciudad. Se trata de recortar los *cupones* (**coupons**) que dan derecho a obtener descuentos en ciertos *productos* (**products**)

Muchos estadounidenses no dudan en recorrer grandes distancias para aprovechar al máximo las *diversas ofertas* (**special offers**) y beneficiarse de la *competencia* (**competition**) entre las grandes cadenas de tiendas. Sin embargo, a los extranjeros puede parecerles que no tiene caso ocupar tanto tiempo y gastar tanto combustible para *ahorrar* (**to save**) sumas que a veces son muy reducidas.

---

Con frecuencia el precio se anuncia sin mencionar "**dollars**" o "**cents**": $7.95 = "**seven ninety-five**"; $3.50 = "**three fifty**".

---

● — Pasamos la tarde viendo aparadores.
   **We spent the afternoon window-shopping.**
— ¿Hay sombrillas en oferta?
   **Are any umbrellas on sale?**
— Liquidación total (lit.: Todo debe irse).
   **Everything must go!**
— Es una ganga./ **This is a real bargain.**
— Tal vez encontremos un mejor precio en un depósito de fábrica.
   **We might get a better price at the factory outlet.**
— Compre ahora y pague después.
   **Buy now, pay later.**
— ¿Pueden enviarme esto?
   **Can we have this delivered?**
— Nuestra tienda permanece abierta las 24 horas del día.
   **Our store is open round the clock.**
— ¿Dónde puedo encontrar un vendedor (una vendedora)?
   **Where can I find a salesperson?**
— ¿En qué puedo servirle?
   **May I help you?/ What can I do for you?**
— ¿Ya lo atienden?
   **Are you being attended to?**
— Gracias, pero sólo estoy mirando.
   **No thank you, I'm just looking for now.**
— No manejamos (lit.: cargamos) ese artículo en este departamento, pero puede ver el departamento de damas.
   **We do not carry this item in this department but you may want to check in the ladies department.**
— Lo siento, ya no tenemos esta talla; pero con gusto podemos ordenarla.
   **Sorry we are out of this particular size, but we'll be glad to order it for you.**
— Permítame investigar si la tienen en Zayre's, en la calle 35.
   **Let me check if they have it at Zayre's, on 35th street.**
— No es necesario que deje un depósito si desea ordenar este artículo.
   **There is no need to leave a deposit if you want to order this item.**

● EL PEQUEÑO COMERCIO (local shops)

Pese al éxito de las tiendas de departamentos, las *tiendas locales* (main street shops, corner stores, convenience stores) han sobrevivido adaptándose a las necesidades de la clientela (customers). Ofrecen servicios personalizados y de calidad como *entrega a domicilio* (home delivery), *hecho a la medida* (custom-made) o una gran disponibilidad: algunas tiendas están *abiertas las 24 horas del día* (open 24 hours a day).

En una ciudad como Nueva York, puede hacerse el grueso de las *compras* (errand) en las *tiendas de departamentos* (department stores) como Macy's y los *supermercados* (supermarkets); sin embargo, para adquirir artículos de uso cotidiano, urgentes o especiales, las numerosas tiendas pequeñas ofrecen múltiples posibilidades y animan las calles.

● UNA ATENCIÓN DE PRIMERA

Las tiendas estadounidenses se caracterizan por la atención casi amistosa que los *vendedores* (salespeople) brindan a sus clientes potenciales. Se hacen cargo de usted, se preocupan por informarlo y si, por azar, no disponen del producto que usted busca, muchos no dudan en preguntar a sus competidores si tienen ese *artículo* (item) en existencia antes de recomendarle que vaya a otra tienda. Cultivan el adagio que reza que "un cliente satisfecho es un cliente que regresa". Recibirá este mismo trato gentil, de palabras algo formales pero sinceras, cuando salga de la tienda.

● RECLAMACIONES (claims, complaints)

Si al llegar a casa se da cuenta de que el artículo que adquirió no corresponde a lo que había pedido o simplemente ya no le gusta, no tendrá ninguna dificultad para *cambiarlo* (to exchange) o pedir que le *reembolsen su dinero* (to get your money back) en el d*epartamento de reclamaciones* (complaints department), nadie pondrá en tela de juicio su honestidad. Los anuncios publicitarios proclaman: "*Su satisfacción o la devolución de su dinero*" (money back guarantee) y no se trata de una promesa vana.

Tanto los *menudistas* (retailers) como los *fabricantes* (manufacturers) ponen especial atención en las *instrucciones de uso* (directions for use), la lista de *contenido* (contents) del producto, las diversas *advertencias* (health/security warnings) y en el *servicio posterior a la venta* (aftersale service). Efectivamente, ante la presión de los *grupos de consumidores* (consumer groups), se hacen responsables de los incidentes o accidentes provocados por los productos y corren el riesgo de pagar fuertes sumas por concepto de *daños y perjuicios* (damages).

● — No dude en devolvernos este aparato si no le agrada a la persona.
Con gusto se lo cambiaremos o le reembolsaremos su dinero.
**Do not hesitate to return this appliance if the person doesn't like
it. We'll gladly exchange or refund it.**
— Serán 39 dólares, incluyendo el impuesto.
**This will be 39 dollars including sales tax.**
— ¿En efectivo (efectivo o cheque) o a su cuenta (tarjeta de crédito)?
**Will it be cash or charge?**
— No olvide su comprobante de venta.
**Do not forget your sales slip.**
— Lo siento, no aceptamos cheques (bancarios).
**Sorry, we do not accept personal checks.**
— Aceptamos las principales tarjetas de crédito.
**We accept all major credit cards.**
— Haga el cheque a nombre de Sears.
**Make your check out to Sears.**
— ¡Ojalá que vuelvan pronto!/ **Please come again!**
— Ha sido un placer atenderlo (lit.: Es un placer hacer negocios con
usted).
**It is a pleasure doing business with you.**
— Este artículo no le quedó al niño para el que lo compré. Quisiera
devolverlo.
**This item does not fit the little boy I bought it for; I'd like to
return it.**

---

ALGUNOS LETREROS

● **Buy top quality products at rock bottom prices! Shop at Purnell's!**
¡La mejor calidad a los precios más bajos! ¡Haga sus compras en Purnell's!

● **Sales! 30% off all marked items!**
¡Ofertas! ¡30% de descuento en todos los artículos en promoción (lit.:
los artículos marcados)!

● **We give you full money guarantee.**
Su satisfacción o la devolución de su dinero.

● **Caution, carefully read the directions for use before plugging in
this appliance.**
Atención: lea con cuidado las instrucciones de uso antes de conectar
este aparato.

## ● FORMA DE PAGO (paying)

En las tiendas notará que los estadounidenses pagan con *tarjeta de crédito* (**charge card**), *cheque* (**check**) y muy rara vez *en efectivo* (**cash**). Sin embargo, si observa con mayor detenimiento, notará que los cheques siempre están expedidos por bancos del barrio donde está la tienda y que normalmente sólo los clientes que conoce el vendedor utilizan esta forma de pago. No es extraño que un cliente conocido que anda escaso de efectivo haga un cheque por un monto mayor al de su compra y salga de la tienda ¡con los billetes que el cajero le dio de cambio además de los artículos que compró! Se tiene tanto temor a los cheques sin fondos que muchas tiendas no los aceptan, sobre todo si son de un banco de otra ciudad o estado.

En lo que respecta a las tarjetas de crédito, muchos estadounidenses disponen de tarjetas otorgadas por las tiendas en cuestión. A menudo, la *cartera* (**wallet**) de un estadounidense cuenta con un compartimiento grande para guardar sus numerosas tarjetas: de una tienda de departamentos, una cadena de tiendas de alimentos, una marca de gasolina, una aerolínea, una cadena de hoteles, sin contar las *tarjetas bancarias nacionales o internacionales* (**major credit cards**). Estas últimas en general se aceptan en todas partes. El resultado de este estilo de pagar es que los estadounidenses se han convertido en consumidores sumamente *endeudados* (**in debt**). Todo está hecho para que *compren ahora y paguen después* (''Buy now, pay later'').

---

ATENCIÓN: el precio que aparece en las *etiquetas* (**tag/sticker price**) no incluye el *impuesto local* (**sales tax**, de 5 a 10%), que se añade en el *comprobante de venta* (**sales slip**) cuando presenta sus artículos en la *caja* (**checkout counter, cash register**).

---

## ● PRESENTACIÓN DE LAS TIENDAS

La tendencia de las tiendas a presentar la mercancía de manera atractiva es bastante reciente en Estados Unidos, así que un extranjero puede sentirse decepcionado cuando haga comparaciones con lo que se acostumbra en su país.

Según la tradición, las tiendas estadounidenses deben atraer por la impresión de *abundancia* (**abundance**) y sobriedad. El cliente quiere que su *dinero le rinda al máximo* (**value for money**); no le interesa pagar por presentaciones *refinadas y costosas* (**costly/expensive**), prefiere la sencillez. Asimismo, está conforme con el modelo de consumo estadounidense y, por ende, desea *adquirir los mismos productos que su vecino* (to ''keep up with the Joneses''). Por eso muchas tiendas aún apilan la *mercancía* (**merchandise/goods**) sin buscar ningún estilo para atraer al *cliente* (**customer**).

● — ¿En qué departamento puedo encontrar pasta dental?
  **In what section will I find toothpaste?**
  — Quisiera comprar el modelo más grande.
  **I'd like to buy the larger model.**
  — Estoy buscando zapatos del número 5 1/2.
  **I am looking for size 7 1/2 shoes.**
  — Unitalla (lit.: una talla le queda a todos).
  **One size fits all.**
  — ¿Tiene estos zapatos en medios números/en rojo?
  **Do these shoes come in half sizes/in red?**
  — El día de hoy tenemos una oferta especial de todas las camisas.
  **We have a special offer on all our shirts today.**
  — Por supuesto, puede probárselo.
  **Sure, you may try it on.**
  — Esta camisa es demasiado grande; el cuello me queda algo flojo.
  **This shirt is too big; it is a bit loose around the collar.**
  — Estos zapatos me aprietan (lit.: son demasiado estrechos).
  **These shoes are a bit too tight.**
  — Esto me queda bien (talla)/Esto me va bien (aspecto).
  **This fits perfectly/ This suits me.**
  — Le haremos los arreglos gratis.
  **We'll make the alteration free.**
  — Me gusta el color; pero ¿no lo tiene en una talla más grande/chica?
  **I like the color; but do you have it in a larger/smaller size?**

■ TALLAS (sizes)

| | | | | | | | |
|---|---|---|---|---|---|---|---|
| ● Calzado damas | US | 6 | 7¹/₂ | 8 | 8¹/₂ | 9 | |
| | Mx | 4 | 5¹/₂ | 6 | 6¹/₂ | 7 | |
| ● Calzado caballeros | US | 6¹/₂ | 7 | 8 | 9 | 10 | 11 |
| | Mx | 4¹/₂ | 5 | 6 | 7 | 8 | 9 |
| ● Adolescentes (tallas chicas) | US | 5 | 7 | 9 | 11 | 13 | |
| | Mx | 28 | 30 | 32 | 34 | 36 | |
| ● Camisas | US | 14 | 14¹/₂ | 15 | 15¹/₂ | 16 | 16¹/₂ |
| | Mx | 14 | 14¹/₂ | 15 | 15¹/₂ | 16 | 16¹/₂ |
| ● Vestidos o sastres Blusas | US | 10 | 12 | 14 | 16 | 18 | 20 |
| | Mx | 28 | 30 | 32 | 34 | 36 | 40 |
| ● Traje (caballero) | US | 36 | 38 | 40 | 42 | 42 | 46 |
| | Mx | 34 | 36 | 38 | 40 | 42 | 44 |

En los *aparadores* (**window display**) y los *departamentos* (**department; aisle**) se exhiben grandes cantidades de artículos, sin *rebuscamientos* (**no frills**), y *carteles* (**sign**) que ponen énfasis en los *precios bajos* (**low prices**), *las ofertas especiales* (**special offer**), la *excelente calidad* (**top quality**) o las existencias limitadas (**good while it lasts** = *oferta válida hasta agotar existencias*).

Este sistema ha funcionado bien porque el consumidor estadounidense, insaciable, compra todo lo que le ofrecen. El cliente tiene un prejuicio absolutamente favorable por los (nuevos) productos que le presentan. Sin exagerar demasiado, puede decirse que confía *a priori* en las promesas del fabricante y el vendedor de un producto y piensa que su *adquisición* (**purchase**) mejorará su vida.

No obstante, bajo la influencia reciente del extranjero y de los **yuppies** (representantes de las profesiones independientes y los ejecutivos de alto rango), el estilo de consumo, y por consiguiente el de las tiendas, está cambiando.

● COMPRA DE ROPA (**buying clothes**)

La ropa de calidad regular es mucho *menos cara* (**less expensive; cheaper**) que en otros países en el caso de artículos resistentes y muy populares, como las camisetas, los jeans y las *chamarras* (**jackets**). En cambio, los artículos de lujo suelen ser *más caros* (**more expensive**).

Es recomendable que averigüe cuál es su *talla* (**size**) en el sistema estadounidense, distinto de otros, pues no siempre se encuentran tablas de equivalencias y, cuando las hay, a veces no son exactas. En el caso de las camisetas y sudaderas, las tallas son XL = **extra large**; L = **large**; M = **medium** y S = **small**; para adquirir cualquier prenda de vestir debe dirigirse al departamento que corresponde a la persona para quien desea hacer la compra: *caballeros* (**men's wear**), *damas* (**ladies' wear**), *adolescentes* (**junior**), *niños* (**children**) y *bebés* (**infants**).

---

ATENCIÓN:

● Algunos extranjeros tienden a pronunciar la palabra **sweat-shirt** con una *i* larga, lo que equivaldría a decir "camisa dulce" y puede provocar la incomprensión de ambas partes. Se pronuncia como *swet* (el mismo sonido de **let** o **net**).

● En las tiendas de alimentos de algunos condados o estados, *se prohíbe los domingos* (**not permitted on Sunday**) la venta de alcohol. En la caja no aceptarán sus envases de vino o cerveza. Se trata de un vestigio de la reglamentación puritana según la cual los domingos deben dedicarse a la oración.

---

| | | | |
|---|---|---|---|
| abrigo | coat | estrecho/ancho | narrow/wide |
| amplio/ajustado | loose/tight | falda | skirt |
| anuncio | advertisement | gerente | manager |
| caja | checkout counter | grande/chico | large/small |
| caja registradora | cash register | mangas | sleeves |
| cajero | cashier [kashie$^r$] | obtener un | to get one's |
| comprar a crédito | to buy on instal- | reembolso | money back |
| | ments | ordenar | to order |
| corto/largo | short/long | pantalones | pants |
| departamento | department, | probarse | to try on |
| | section | robo de tiendas | shoplifting |
| depósito | deposit | salida | exit |
| devolver un | to return an | suéter | jersey, sweater |
| artículo | item | vendedor | salesman |
| entrada | entrance | vendedora | salesgirl, saleslady |
| estante | shelf, aisle | vestido | dress |

## COLORES (colors)

| | | | |
|---|---|---|---|
| plateado | silver | lila | mauve |
| beige | beige; tan | negro | black |
| blanco | white | dorado | gold |
| azul | blue | anaranjado | orange |
| vino | burgundy | rosa | pink |
| café | brown | rojo | red |
| crema | cream | turquesa | turquoise |
| rojo escarlata | scarlet | verde | green |
| pardo | fawn | verde esme- | |
| gris | gray | ralda | emerald |
| amarillo | yellow | morado | purple |

## ESTAMPADOS (prints)

| | | | |
|---|---|---|---|
| liso | solid | de lunares | polka-dotted |
| oscuro | dark | escocés | tartan/plaid |
| claro | light | a cuadros | checkered |
| vivo | bright | de cachemira | paisley |
| de rayas | stripped | | |

## LOS COMERCIANTES Y LOS SERVICIOS
### (merchants and services)

Pese a la importancia que tienen los supermercados y los centros comerciales en Estados Unidos, también existen comercios pequeños. Para encontrarlos, basta con que haga las siguientes preguntas a alguna persona:

**Where is the nearest** _____ ?
(¿Dónde se encuentra el _____ más cercano?)
**Could you recommend a** _____ ?
(¿Podría recomendarme un _____ ?)

| | |
|---|---|
| Carnicería | Butcher shop |
| Zapatero | Shoe repair |
| Salón de belleza/Peluquería | Hairdresser/Barber shop (para hombres) |
| Lavandería | Laundromat |
| Tintorería | Dry cleaner's |
| Tienda de abarrotes | Grocery store ("the corner market") |
| Vinatería | Liquor store |
| Tienda abierta las veinticuatro horas | Twenty-four hour store |
| Panadería | Bakery |
| Ferretería | Hardware store |
| Florería | Florist |
| Librería | Bookstore |
| Puesto de periódicos | Newspaper stand |
| Supermercado | Supermarket |

## EN CASO DE EMERGENCIA
### (in case of emergency)

¡Llame a un médico/una ambulancia!
**Call a doctor/an ambulance!**

| | |
|---|---|
| ¡Deténgase! | Stop! |
| ¡Cuidado! | Watch out! Be careful! |
| ¡Fuego! | Fire! |
| ¡Auxilio! | Help! |
| ¡Un ladrón! | Stop! Thief! |

**12**

LUGARES DE INTERÉS Y DE DIVERSIÓN
(sightseeing and entertainment)

- Los museos (**museums**)

- Lugares de interés (**sight-seeing**)

- Parques de diversiones/ferias
  (**amusement parks/fairs**)

- Diversiones nocturnas (**night-life**)

- Los parques y monumentos históricos
  (**parks and historical monuments**)

- Parques públicos (**public parks**)

● LOS MUSEOS (museums)

Los estadounidenses tienen cierta obsesión por los museos, no sólo los visitan sino que aprovechan cualquier oportunidad para crear uno. En todas las *guías* (guide books) aparecen descripciones de los museos más importantes, conocidos en todo el mundo (en parte por tratarse de arte extranjero en el país).

Sin embargo, para descubrir el *"Estados Unidos profundo"* (Middle America), el turista debe dedicarse a visitar los innumerables museos que todas las ciudades, aun las más pequeñas, ofrecen a sus visitantes: *museos de arte, de ciencias* (art/science museum) y *museos históricos* (historical museum), por ejemplo. A través de ellos puede formarse una idea de la vida, el comportamiento y las aspiraciones de la población local. A menudo encontrará las obras, utensilios y objetos familiares de los *héroes locales* (local heroes) así como un gran número de documentos sobre la historia, la geografía y los grupos étnicos del lugar. Tampoco debe pasar por alto los museos que la mayoría de las universidades se honran en abrir para albergar las *donaciones* (gift) de los *ex alumnos* (alumni) y sus propias adquisiciones.

Algunas ciudades son particularmente ricas en museos y colecciones de arte importantes (ver páginas 134-135). En Washington D.C., toda una parte de la ciudad está ocupada por un conjunto de museos de gran calidad: the Mall. Ahí se encuentra la National Gallery, con su nueva *"ala este"* (East Wing) dedicada al arte moderno y cuya impresionante arquitectura se debe a I.M. Pei, creador de la pirámide del Louvre. El *Museo del aire y el espacio* (Air and Space Museum) apasionará a todos aquellos interesados en el cielo y los progresos de la astronáutica. El Hirshhorn Museum, con su colección de arte moderno y su *jardín escultórico* (sculpture garden), la Freer Gallery of Art, con sus colecciones de arte asiático y el Smithsonian, museo de historia, poseen acervos sumamente valiosos.

En Washington también están los monumentos neoclásicos de la historia de Estados Unidos: el Lincoln Memorial y el Washington Monument. Puede dar un paseo en minibús por el Mall y los monumentos y visitar el Vietnam War Memorial, impresionante muro de mármol negro que lleva inscritos los nombres de todos los soldados que murieron en la guerra de Vietnam.

— ¿Qué sitios hay para ver en esta ciudad?
**What is there to see in this city?**

— ¿Por qué no va al Museo Metropolitano? Tiene una colección muy fina de instrumentos musicales antiguos.
**Why don't you try the Met; they have a very fine collection of ancient musical instruments.**

— Pronto habrá una exposición de tapetes persas antiguos.
**There will soon be an exhibition of old Persian rugs.**

— ¿Cuánto cuesta la entrada?
**How much is the admission?**

— La entrada es de 2 dólares por adulto; los niños menores de 12 años entran gratis.
**Admission is two dollars per adult; children under 12 free.**

— ¿Tienen descuentos para estudiantes?
**Do you have a student discount?**

— ¿Tienen el catálogo del museo disponible en español?
**Is the museum's catalogue available in Spanish?**

— No deje de ver la colección de utensilios indios; es la mejor del país.
**Don't miss their collection of Indian artifacts; it's the best in the country.**

— ¿A qué hora cierra el museo?
**What time does the museum close?**

— ¿Dónde están las colecciones de arte moderno y arte contemporáneo?
**Where are the modern and contemporary collections?**

— Están más adelante en este corredor, a la derecha.
**They are right down the hall on the right.**

— Las pinturas de los grandes maestros se encuentran arriba, en el tercer piso, cerca de la escalera principal.
**The Great Master paintings can be found upstairs, on the third floor, near the main staircase.**

— La tienda de regalos y el restaurante del museo están en el nivel sótano.
**The Museum gift shop and restaurant are on the basement level.**

Algunos de los museos más interesantes:

● *Nueva York*
**Metropolitan Museum** — El museo más grande de Estados Unidos.
**The Frick Collection** — Valiosa y magnífica residencia transformada en museo.
**The Cloisters** — Claustros de Europa enmarcados por un verde paisaje.

● *Colecciones de arte moderno y contemporáneo* (**modern and contemporary art collections**)
**Museum of Modern Art (MoMA)**
**Guggenheim Museum** — Notable construcción en espiral obra de Frank Lloyd Wright.
**Whitney Museum of American Art.**
También puede visitar los *rascacielos* (**skyscraper**) neoyorquinos.

● *Boston*
**Isabella Stewart Gardner Museum** — Bella residencia transformada en museo por una rica coleccionista que a principios de este siglo hizo numerosas adquisiciones en Europa.
**Fogg Art Museum** (Harvard University, Cambridge).
**Museum of Fine Arts.**

● *Chicago*
La ciudad en sí es un museo de historia de la arquitectura y el urbanismo modernos. Se permite visitar los rascacielos.
**The Art Institute of Chicago.**
**Frank Lloyd Wright House** — Para los admiradores del más inspirado de los arquitectos estadounidenses; en **Oak Park**, suburbio oeste de la ciudad.

● *Los Ángeles*
**Los Angeles County Museum of Art.**
**Institute of Contemporary Art.**
**J.P. Getty Museum** (Malibu) — Museo reciente, pero muy rico. Las colecciones no siempre son de primer orden, sin embargo, vale la pena visitarlo por ver el local: la reconstrucción de una villa romana en acantilados que dan al Pacífico.
**Norton Simon Museum of Art** (Pasadena).
**Huntington Library, Art Gallery and Botanical Gardens** (San Marino, cerca de Pasadena) — Colección muy bella de libros raros, entre ellos una Biblia de Gutenberg, y cuadros ingleses de los siglos XVIII y XIX; jardines magníficos.
También de interés: la visita de los **Universal Studios**.

# 12 LUGARES DE INTERÉS Y DE DIVERSIÓN

● *San Francisco*

**Exploratorium** (en el **Palace of Fine Arts**) — Escenario magnífico para un museo científico particularmente interactivo.

**Palace of the Legion of Honor** — Espléndido marco (no olvide pasear por el parque al borde del acantilado) para una bella colección de arte, sobre todo francés, de los siglos XIX y XX.

**M.H. de Young Museum/Asian Art Museum** — Dos museos interesantes ubicados en el **Golden Gate Park**, el enorme parque municipal.

● *Houston*

**De Menil Collection** — Colecciones de arte primitivo y del siglo XIX.

**Rothko Chapel** — Para los amantes de Mark Rothko, gran figura del expresionismo abstracto estadounidense.

● *Dallas*

**Dallas Museum of Art.**

● *Washington*

Además de los museos mencionados en la p. 132:

**Phillips Collection** — Residencia transformada en museo. Impresionistas y modernistas estadounidenses.

**Library of Congress** — Edificio impresionante (en especial el interior, en el que han trabajado decenas de artistas), biblioteca muy vasta y magníficas colecciones de grabados y fotografías.

En muchas otras ciudades, encontrará museos dignos de interés, algunas veces dedicados a la historia local, como el excelente **Missouri Historical Society** de Saint Louis; al arte de los *indios de Norteamérica* (**Native Americans**), como el **Heard Museum** de Phoenix, Arizona; o bien especializados en un área, como el interesante **Museum of Advertising** *(Museo de la Publicidad)* de Portland, Oregon.

Gran parte del vocabulario de arte es de origen latino, por lo que no plantea problemas a los hispanohablantes. De cualquier forma, éstos son algunos términos importantes:

| | | | |
|---|---|---|---|
| Abstract | abstracto | Hand-made | hecho a mano |
| Asian art | arte asiático | Oil | óleo |
| Contemporary | contemporáneo | Painting | pintura, cuadro |
| Crafts | artesanías | Pre-columbian art | arte precolombino |
| Drawing | dibujo | Print | grabado, impresión |
| Engraving | grabado (en madera) | Screen | biombo |
| Etching | aguafuerte | Watercolor | acuarela |
| Exhibition | exposición | | |
| Fine Arts | Bellas Artes | | |

● LUGARES DE INTERÉS (sight-seeing)

Aparte de los museos y de las zonas históricas y naturales, las ciudades y el campo poseen sitios de interés turístico locales. En San Francisco y en otras ciudades algo antiguas, descubrirá, por ejemplo, un barrio del puerto o un edificio histórico convertidos en centros de esparcimiento (en ocasiones de manera muy comercial, pero de cualquier forma pintorescos). También puede haber *monumentos* (**monuments** o **landmarks**) cuya visita puede resultar interesante o divertida.

Por supuesto, los grandes sitios preferidos para **sight-seeing** son los barrios étnicos de las ciudades: los **Chinatowns**, **Little Italy**, etc... En ellos percibirá una atmósfera especial (pues a menudo la etnia en cuestión aún constituye la mayoría) y encontrará tiendas, restaurantes y a veces hasta una arquitectura particulares.

● PARQUES DE DIVERSIONES (amusement parks)/FERIAS (fairs)

Además de los parques de diversiones conocidos en todo el mundo, hay otros en las periferias de muchas ciudades. Los antiguos, por ejemplo, **Coney Island**, cerca de Manhattan, **Atlantic City** (New Jersey) y **Santa Cruz Beach and Boardwalk** (California), son los más pintorescos y divertidos. Puede encontrar parques de otros tipos por todas partes, a veces *"de tema"* (**theme parks**; dedicados unos a los dinosaurios, otros a la religión), aunque no siempre vale la pena visitarlos, salvo por la imagen que podemos formarnos de cierta parte de la población.

Por otra parte, si tiene oportunidad de ir a alguna de las regiones cuando se celebra alguna **state/county fair** (al mismo tiempo feria, gran kermesse y exposición regional), por ningún motivo deje de asistir. Podrá disfrutar de una grandiosa manifestación de la cultura rural, se exponen labores y productos sobresalientes en el área de las *artesanías* (**crafts: patchworks**, trabajos de ebanistería, etc.), la agricultura y la cría de animales (¡calabazas gigantes y vacas magníficas!), y además hay juegos, montañas rusas y puestos de comida. Se trata de un gran acontecimiento de la vida local, que se establece en varias hectáreas y proporciona un panorama fabuloso de Estados Unidos. Si viaja en auto, en tren o en autobús, infórmese sobre las fechas de las ferias en las *oficinas de turismo* (**Office of Tourism**) de cada estado o consulte las guías del lugar, ya que cada estado celebra varias ferias durante el verano.

— ¿Qué es indispensable visitar en esta ciudad?
**What are the "must see's" in this city?**

— Sólo estaremos aquí unos cuantos días. ¿Qué sitios de interés nos recomienda visitar?
**We're here only for a few days. Which sights do you recommend we visit?**

— ¿Podría indicarme cómo llegar de aquí a Chinatown?
**Could you please tell me how to get to Chinatown from here?**

— ¿Queda demasiado lejos para ir a pie?
**Is it too far to walk?**

— No olvide decir al conductor que usted desea bajar en Powell Street.
**Make sure you tell the busdriver that you want to get off at Powell Street.**

— ¿Cómo puedo llegar a Coney Island?
**How can I get to Coney Island?**

— ¿Qué salida de la carretera debo tomar para ir a Disneylandia?
**Which highway exit should I take for Disneyland?**

— No se preocupe, todas las salidas están muy bien señaladas. No puede dejar de verla.
**Don't worry, they're very clearly marked. You can't miss it.**

— Quisiera tres talonarios de boletos: dos para adultos y uno para niños.
**I'd like three ticket books, please: two adults and one child.**

— No logro encontrar mi auto en el estacionamiento.
**I can't find my car in the parking lot.**

— No se permite la entrada a este juego a niños menores de diez años a menos que los acompañe un adulto.
**Children under ten are not allowed on that ride unless accompanied by an adult.**

# 12 LUGARES DE INTERÉS Y DE DIVERSIÓN

● DIVERSIONES NOCTURNAS (night-life)

Los estadounidenses *van mucho al cine* (to go to the movies) para distraerse y *divertirse* (to have a good time, to have fun), casi siempre a grandes *multicinemas* (movie theaters) de seis u ocho salas. Las *películas extranjeras* (foreign movies o films) sólo se exhiben en las grandes ciudades o cerca de los campus (jamás están dobladas). En muy raras ocasiones se ofrecen descuentos (excepto en la primera función del día, hacia las 14 hrs., llamada **matinee**).

Los *centros comerciales* (shopping centers) permanecen abiertos hasta muy entrada la noche. En ellos encontrará restaurantes, *librerías* (book stores) y *tiendas* (shop). En las ciudades pequeñas y en los *suburbios* (suburbs) de las grandes ciudades, estos sitios representan un *lugar de esparcimiento* (hang-out) tanto para la juventud local como para las familias.

En los *bares* (bar) y los *centros nocturnos* (nightclub) que sirven *alcohol* (alcohol o liquor), sólo se permite la entrada a adultos. No puede cruzar la puerta si no tiene la *edad legal para beber* (drinking age) —21 años en la mayoría de los estados—, así que podrían pedirle una *identificación* (identification o, más común, "I.D."). Si existe la más mínima duda respecto a su edad, tendrá que presentar un documento en el que aparezca su *fecha de nacimiento* (date of birth) pues los propietarios de estos establecimientos corren el riesgo de que les apliquen multas sumamente elevadas. Aun así, muchos jóvenes que todavía no son mayores de edad llegan a pavonearse y beber en los bares.

Algunos bares ofrecen *música viva* (live music) o la actuación de *comediantes* (stand-up comedians). En estos casos, tal vez deba pagar un *derecho de entrada* (cover charge) de algunos dólares. Observará que en algunos sitios hay un consumo mínimo obligatorio ("**one drink minimum**").

En la *edición dominical* (sunday paper) de los *periódicos* (newspaper) locales de las grandes ciudades suele aparecer la *cartelera* (listings). También busque las *publicaciones semanales locales* (local weeklies), que por lo general contienen las carteleras más completas e interesantes, con frecuencia dirigidas a los jóvenes.

También encontrará sitios para divertirse en los barrios cercanos a los campus universitarios, que junto con los bares y cafés tienen un ambiente más informal que los sitios frecuentados por los **yuppies** llenos de tensiones de los barrios más elegantes.

— Busco el cine Coronet.
I'm looking for the Coronet theater.

— Dos boletos para *Batman,* por favor, a menos que la película ya haya comenzado.
Two, please, for *Batman,* unless the movie has already started.

— No, está a punto de comenzar. Aquí tiene su cambio. El siguiente...
No, it's about to begin. Here's your change. Next, please...

— ¿Podría darme unas palomitas grandes, con mucha sal y sin mantequilla, y una coca mediana?
May I have a large popcorn, with extra salt and no butter, and a medium-sized Coke?

— Silencio, por favor. No puedo escuchar la película.
Please be quiet. I can't hear the movie.

— ¿Habrá música viva esta noche?
Will you have any live music tonight?

— ¿Cuánto cuesta el derecho de entrada?
How much is the cover charge?

— ¿Me permite su identificación? Lo siento, pero no puedo dejarlo pasar si no la reviso.
Can I see your I.D.? I'm sorry, but I can't let you in until I check it.

— ¿No tiene licencia de conducir? Aquí no encuentro su fecha de nacimiento.
Don't you have a driver's licence? I can't find your birthdate on here.

— No, soy mexicano. Permítame mostrarle la fecha de nacimiento.
No, I'm Mexican. Let me show you the birthdate.

---

ATENCIÓN: en algunos establecimientos (los bares o restaurantes de los hoteles grandes, por ejemplo), se espera que usted asista bien vestido. Hay que respetar un *código de vestimenta* (**dress code**) preciso: por ejemplo, las mujeres no deben llevar *pantalones* (**pants**) y los hombres deben vestir *saco y corbata* (**jacket and tie**) obligatoriamente.

A la entrada de los centros nocturnos, puede haber una persona (un **bouncer**) nada menos que para controlar su "coeficiente de elegancia", la cual decidirá después de un *rápido vistazo* (**once-over**) si usted viste con suficiente "elegancia" para entrar en el establecimiento en cuestión.

# 12   LUGARES DE INTERÉS Y DE DIVERSIÓN

● LOS PARQUES Y MONUMENTOS HISTÓRICOS (parks and historical monuments)

Estados Unidos ofrece cientos de sitios de esparcimiento protegidos además de los grandes parques nacionales (invención estadounidense) de los que todos han oído hablar: *parques históricos* (national historic parks), *campos de batalla* (national battle-fields), *sitios históricos* (national historic sites), *monumentos, bosques, lagos y ríos* (national monuments, national forests, national lakes, national rivers)... Además, la mayor parte de los estados han creado sus propios parques (**State parks**) para proteger las *áreas de recreo* (**recreation area**) o el patrimonio local.

A esta lista pueden añadirse todos los lugares y sitios privilegiados que compañías o donadores generosos mantienen para beneplácito del público (por ejemplo, las **Palissades** del Hudson River, frente a Manhattan).

El interés de los estadounidenses por mostrar las cosas "como son" los ha llevado al extremo de recrear fuertes, ciudades o casas amuebladas y habitadas "de época" (**Old Plymouth**, cerca de Boston, **Williamsburg**, cerca de Washington, o **Pleasant Hill**, poblado shaker de Kentucky, por sólo citar tres de los centenares que existen).

● PARQUES PÚBLICOS (public parks)

Para muchos estadounidenses, los *paseos* (**walk**) y los *días de campo* (**picnic**) en los parques forman parte de sus actividades de fin de semana. Los domingos algunos parques grandes cierran la entrada a vehículos y se puede ver a gente de todas las edades en *patines de ruedas* (**roller skates**) o en *bicicleta* (**bicycle** o **bike**). Los patines y las bicicletas se alquilan, sólo tiene que dejar una identificación o un *depósito* (**deposit**). Además de las áreas para día de campo y los terrenos de juego, a menudo encontrará *rosales* (**rose garden**), *estanques* (**ponds**) —donde podrá *alquilar* (**to rent**) *botes* (**boat**)—, sitios para refrescarse...

140

| | |
|---|---|
| antiguo | old |
| artesanía | craft |
| ayuntamiento | city hall |
| bailar | to dance |
| colección | collection |
| contemporáneo | contemporary |
| descuento para estudiantes | student discount |
| disfrutar | to enjoy |
| divertirse | to have fun, to enjoy oneself |
| edificio | building |
| entrada | entrance |
| escuchar música | to listen to music |
| espectáculo | show |
| exposición | exhibition |
| extraño | strange |
| feo | ugly |
| feria | fair |
| fotografiar | to take pictures |
| gustar | to like |
| hermoso | beautiful |
| hora de cierre/apertura | closing/opening time |
| iglesia | church |
| jardín escultórico | sculpture garden |
| mobiliario | furniture |
| moderno | modern |
| museo de arte | art museum |
| museo de ciencias | science museum |
| museo del aire y del espacio | air and space museum |
| museo histórico | historical museum |
| oficina de turismo | tourist office |
| parque de diversiones | amusement park |
| película | movie, film |
| pintura | picture, painting |
| playa | beach |
| precio de la entrada | entrance fee |
| rascacielo | skyscraper |
| representación | performance |
| sala de conciertos | concert hall |
| salida | exit |
| torre | tower |
| visitar | to visit, to sight-see |

## LA COMEDIA MUSICAL (musical comedy)

Si bien el teatro suele estar fuera del alcance de muchos visitantes extranjeros a causa de la barrera del idioma (**language barrier**), no sucede lo mismo con la comedia musical. Aunque los conocimientos lingüísticos del visitante no le permitan percibir todos los matices del texto y las *canciones* (**song**), si es aficionado a este género, sin duda quedará fascinado por la calidad del *espectáculo* (**show**) que presenciará. Cada uno de los *actores* (**actor**), *cantantes* (**singer**) y *bailarines* (**dancer**) —los artistas a los que a menudo se llama **performers**— ofrecen al *público* (**audience**) una vibrante representación *en el escenario* (**on stage**), lo que siempre despierta la admiración ante lo que efectivamente es, en el primer sentido del término, una "**performance**".

La comedia musical, que Hollywood popularizó en la pantalla grande a través de célebres *largometrajes* (**feature film**) —**Top Hat**, con Fred Astaire, **Singing in the Rain**, con Gene Kelly, etc.—, es una especialidad estadounidense por la que vale la pena desviarse a Nueva York, al barrio de **Broadway**, la gran arteria (la más grande del mundo) que atraviesa Manhattan. Si piensa asistir a los últimos *éxitos* (**hit**), conviene que *reserve* (**to book, to reserve**) sus *lugares* (**seats**). Si las localidades están *agotadas* (**sold out**), puede optar por los antiguos éxitos, que continúan en cartelera a veces desde hace diez o quince años y todavía atraen público, como **Fiddler on the Roof, A Chorus Line**, o **42nd Street**, etc.

## LAS DIVERSIONES TRADICIONALES DEL OESTE

Para aquellos interesados en el "**Wild West**", cabe señalar la reconstrucción en Dodge City, Nevada, de edificios tradicionales de una *ciudad fronteriza* (**frontier town**) tal como aparecen en los **westerns** (películas de vaqueros). También es recomendable visitar la ciudad de Cody, Wyoming, a la entrada del parque nacional de Yellowstone, donde todas las tardes de junio a agosto se presenta un **rodeo** y hay un museo dedicado a Buffalo Bill y a los indios de las planicies. En esta región hay varios ranchos típicos, algunos de los cuales (los "**dude ranches**", ver p. 32) ofrecen alojamiento y *paseos a caballo* (**horseback trip**) por los magníficos rincones de los valles.

# B

## **AMBIENTE**/ENVIRONMENT

**13** LA VIDA SOCIAL (socializing)

**14** LAS CONVERSACIONES (conversations)

**15** LOS PARQUES Y LA NATURALEZA (parks and nature)

**16** LOS DEPORTES (sports)

**17** EL SISTEMA EDUCATIVO (educational system)

**18** LA FORMACIÓN UNIVERSITARIA (university education)

**19** EL CLIMA (climate)

● PRESENTACIONES Y SALUDOS (Introductions and Greetings)

Los estadounidenses se *presentan* (to introduce oneself) y presentan a otras personas con una gran facilidad. Un estadounidense se sentirá *incómodo* (uncomfortable) en una *fiesta* (party) si se encuentra solo, sin nadie con quien conversar. Por consiguiente, se considera un deber del anfitrión o anfitriona presentar de manera particularmente atenta a sus invitados y, en cierta forma, servir de puente dándoles pistas para encontrar temas de conversación. Se dirá, por ejemplo, "*Le presento a Juan. Es mexicano y se dedica a la biología. La semana próxima piensa viajar a California...*" ("This is Juan. He's Mexican, and a biologist. He's thinking of taking a trip to California next week..."). Así, su interlocutor sabrá algo sobre usted y tendrá ideas sobre posibles *temas de conversación* (topic of conversation).

Atención: el estilo de conversar de los estadounidenses puede parecerle exagerado y, tal vez, incluso hipócrita. Le dirán que traban amistad con mucha facilidad, hablan del gusto que les dará volverlo a ver, y después no vuelven a dar señales de vida... Lo que sucede es que el estadounidense promedio tenderá a mostrarse entusiasta y muy interesado respecto de la conversación de usted por cortesía y, en el momento, verdaderamente se sentirá contento de conversar con usted; sin embargo la relación no se continúa. Le dirán con sinceridad que será un placer volverlo a ver y es con la idea de que *sería* un placer.

Una de las dificultades que encuentra un extranjero que no está acostumbrado a este tipo de conversaciones —entablada con tanta facilidad— es la manera de terminarlas. En una fiesta, siempre podrá decir que acaba de ver a un conocido, disculparse para hacer una llamada o ir al tocador, o preguntar a su interlocutor si no desea acompañarlo a buscar algo de *beber* (to drink) o *comer* (to eat); después puede alejarse discretamente o integrar a alguien más a la conversación... Esto no le molestará a un estadounidense, siempre y cuando se haga con gentileza y una sonrisa, pues también él recurrirá a las mismas tácticas para alejarse sin *ofenderlo* (to hurt) y conversar con otras personas.

A menudo los invitados se despiden con un *apretón de manos* (handshake), aunque a veces sólo lo hacen con una simple mirada o una *señal con la mano* (wave). Por lo general, las despedidas más efusivas se hacen con *abrazos* (hug) en el sentido estricto, es decir, sin *besos* (kiss) y con palmaditas en la espalda. Quienes son amigos desde hace tiempo "se besan" (sólo en una mejilla).

# 13 LA VIDA SOCIAL (socializing)

> ATENCIÓN: el saludo **How do you do** cuando nos presentan no es una verdadera pregunta. Esta expresión equivale a *"encantado"* en español y se responde exactamente de la misma forma, con **How do you do**. En las presentaciones también escuchamos la frase **"Nice/Pleased to meet you"**, que sería un poco más informal y cordial.
>
> **How are you?**, por el contrario, se reserva para los conocidos, y sí es una pregunta. Se reponde con **"Very well, thank you, and you?"** *(Muy bien, gracias, ¿y usted?)* o, más informal, **Good** *(bien)*, **Great** *(estupendamente)*, **Not too badly** *(no muy mal)*, **Could be better** *(podría estar mejor)*...

Para despedirse, al final de una conversación a menudo se dice:
— Ha sido un placer conocerlo.
**It was very nice meeting you.**

O a un conocido:
— ¡Me dio mucho gusto volverlo a ver!
**It was great/so nice to see you again!**

● — Oh, discúlpeme, allá está John. Debo hablar con él antes de que se vaya...
**Oh, excuse me, there's John. I must speak to him before he leaves...**

— ¿Le gustaría beber o comer algo?
**Would you like something to drink or eat?**

— Ha sido un placer conversar con usted.
**It's been very nice talking with you.**

— ¿Por qué no nos vemos en otra ocasión antes de que se vaya? ¿Está libre para almorzar el miércoles?
**Why don't we get together sometime before you leave? Are you free for lunch on Wednesday?**

— Lo siento, pero el miércoles no puedo. ¿Qué le parece el martes?
**I'm sorry, but I can't on Wednesday. How about Tuesday?**

— Será un placer. Estaré esperando el día.
**That would be very nice. I'll look forward to it.**

# 13 LA VIDA SOCIAL (socializing)

● LOS INVITADOS EN UNA CASA ESTADOUNIDENSE (**being a guest in an American home**)

En Estados Unidos existe una gran tradición de hospitalidad que se caracteriza, entre otras cosas, por invitaciones fáciles y numerosas.

La casa de un estadounidense de clase media no es una fortaleza casi impenetrable como sucede en otros países. Al contrario, constituye un lugar de encuentro abierto al exterior, una vitrina que su dueño muestra con orgullo y un lugar donde se vive de manera práctica y sin formalismos excesivos.

Como a los estadounidenses les gusta hablar aunque sea unos minutos con toda la gente que pasa por su camino, a menudo los primeros contactos se establecen de la manera más fortuita: en un viaje por avión, un cóctel, una fiesta, una visita a un museo, etc. Si *simpatiza con alguien* (**to hit off with someone**) después de *unas cuantas palabras* (**small talk**), es común que pronto se intercambien direcciones e invitaciones.

¿Qué valor debe darse a la invitación de un estadounidense en estas condiciones? No hay que atribuirle más del que tiene, sino más bien considerarla como una especie de cheque en blanco que podrá cobrarse cuando la ocasión se presente, una invitación que deberá confirmarse si se le presenta la oportunidad. Sin embargo, conviene saber que esta actitud tan abierta de los estadounidenses no es una invitación para tomar demasiada confianza. Por ejemplo, "**Drop by any time!**" (*¡Venga cuando quiera!*) casi se ha convertido en una "fórmula de cortesía" que no debe tomarse al pie de la letra. Más vale que avise si piensa visitar una casa.

Puede llamar por teléfono a la persona en cuestión, avisarle que pasará unos días en la ciudad donde él vive y preguntarle si sería posible verlo. Su espontaneidad no resultará molesta y provocará una respuesta no menos espontánea y sincera. Le dirán que tiene *mala suerte* (**bad luck**) porque todos estarán *fuera* (**away out of town**) o muy *ocupados* (**busy**) en esta época, o bien que no podría haber venido en mejor momento porque los niños salieron de vacaciones y usted podrá ocupar la habitación de ellos si lo desea.

Ciertamente, una invitación a comer se hará de modo más formal. Le dirán la hora precisa; por lo general se espera que usted llegue *puntual* (**on time**) o más o menos puntual. Serán bienvenidas una *botella de vino* (**bottle of wine**) o unas *flores* (**flowers**).

Notará que muy pocos lugares de la casa están "prohibidos" para el visitante. La noción de espacio restringido se limita a los dormitorios, el resto de la casa permanece abierto. Puede ir a la cocina (**kitchen**) para ofrecer su ayuda (**help**), por ejemplo, y se le agradecerá (**appreciated**) tal iniciativa, aunque a menudo le dirán que no es necesario.

— No dude en llamarme cuando vaya a Duluth.
**Do not hesitate to contact me when you are in Duluth.**

— Si llega pasar por Bangor, llámeme.
**If you ever happen to pass through Bangor, give me a call.**

— Con gusto le daremos alojamiento.
**We'd be very happy to put you up.**

— ¡Hola! Habla Paul Dupond. ¿Me recuerda? Nos conocimos el viernes pasado en el vuelo de Delta de Miami a Dallas.
**Hello! This is Paul Dupond speaking. Do you remember me? We met on the Delta flight from Miami to Dallas last Friday.**

— Por supuesto, ¿de dónde me está llamando?
**Sure, where are you calling from?**

— No deseo causarle molestias. Comprenderé perfectamente si éste no es un momento oportuno.
**I don't want to be a bother. I'll understand perfectly if this is a bad time.**

— ¡No! Recibirlo no será ninguna molestia.
**No! You will not inconvenience us at all.**

— ¡Es una lástima! Estaremos fuera la semana próxima.
**Too bad! We'll be out of town next week.**

— ¡Siéntase como en casa!
**Make yourself at home!**

— ¿Puedo ayudarle en algo?
**Can I help you anyway?**

— No sabemos cómo agradecerle su gentil hospitalidad...
**We'll never thank you enough for your kind hospitality...**

— No tienen nada que agradecer. Fue un placer tenerlos aquí.
**Do not mention it. It was our pleasure.**

— ¿Por qué no viene a comer el jueves por la tarde? ¿Le parece bien a las seis de la tarde?
**Why don't you come for dinner on Thursday night? Is six o'clock all right?**

— Con gusto acepto su invitación a comer. ¿Qué puedo traer?
**I'd love to come for dinner. What can I bring?**

— No se preocupe por traer algo.
**Oh, don't bother to bring anything.**

— ¿Podría utilizar su teléfono para hacer una llamada rápida?
**May I use the telephone to make a quick call?**

● LAS REUNIONES INFORMALES (get-togethers)

A los estadounidenses les gusta organizar comidas donde se reúnen de manera bastante informal. Con frecuencia se trata de una **barbecue** (a veces escrito **BarBQ** en los letreros de los restaurantes): afuera los hombres ponen a asar en la parrilla *hamburguesas* (**steak patties**), *salchichas* (**hot-dogs**) y *bollos* (**buns**). El verdadero **barbecue** consiste en asar muy lentamente un trozo grande de carne de res a las brasas de cierto tipo de *nogal* (**hickory**) y cortarla a lo largo en rebanadas finas y bien cocidas. Se acompaña con una *salsa picante* (**barbecue sauce**).

En el este del país, el plato típico llamado **clambake** se prepara cociendo mariscos —almejas, ostiones, mejillones (**clams, oysters, mussels**)— al vapor entre dos camas de algas. También se sirven abundantes comidas de *cangrejo* y *langosta de río*, bastante baratos en Estados Unidos (**crab, Maine lobster**; la langosta de mar se dice **Florida lobster** o **spiny lobster**).

Numerosas ocasiones son motivo para organizar este tipo de *salidas* (**outgoings**): reuniones familiares, de amigos, de vecinos, de la escuela, del club, de asociaciones...

● LA VIDA SOCIAL

Como los estadounidenses salen temprano del trabajo y toman muy pocas *vacaciones* (**vacation**) —la mayoría de los empleados sólo tienen dos semanas de vacaciones al año—, organizan su tiempo libre de manera distinta a la de otros países. Tienden a cuidar con esmero de sus casas y a dedicar más tiempo a la vida social y *caritativa* (**charities**) y a pasatiempos artísticos.

Muchos estadounidenses dedican tiempo a los comités de diversas asociaciones de ayuda a los *desprotegidos* (**disadvantaged**), de defensa de una causa moral —por ejemplo, *en contra* o *a favor del aborto* ("**pro-life**"/"**pro-choice**"), o incluso para defender intereses políticos o cívicos. Efectivamente, la sociedad civil tiene una gran fuerza: se moviliza mucho para dar a conocer su opinión.

El visitante queda igualmente sorprendido ante la cantidad de *bandas* (**orchestra, band**), *coros* (**choir, glee club**), grupos de teatro o de danza y *equipos deportivos* (**sports team**) de calidad que se encuentran por todas partes, organizados en escuelas secundarias, universidades, iglesias y asociaciones de todo tipo.

● — Nuestros vecinos van a dar (lit.: arrojar) una fiesta esta noche.
   **Our neighbors are throwing a party tonight.**
 — ¿Por qué no viene a tomar una copa el jueves?
   **Why don't you come over for a drink on Thursday?**
 — Invitamos a algunos amigos; nada formal.
   **We're having a few friends over —nothing formal.**
 — Venga informal (lit.: venga como esté).
   **Come as you are!**

● — Mi esposa participa activamente en el comité de la iglesia.
   **My wife is very active in the church committee.**
 — Dirije una campaña de recolección de fondos para ayudar a las personas sin hogar.
   **She runs a fund raising drive to help the homeless.**
 — Desde que llegamos, nos hicimos miembros de varias asociaciones caritativas y clubes.
   **Since our arrival, we've joined quite a few charities and clubs.**

---

LA VIDA SOCIAL DE LOS "YUPPIES"

Se ha hablado mucho de los **"yuppies" (Young Urban Professionals)** y de su modo de vida: su ética de *"cada quien para sí"* (**"everyman for himself"**) y *"la supervivencia de los más aptos"* (**"survival of the fittest"**); su gusto por el deporte; y su capacidad de *"trabajar fuerte"* y de *"jugar fuerte"* (**"work hard, play hard"**) en su tiempo libre, etc. Mucho se ha hablado también de los **single bars**, bares a los que acuden por las noches los ejecutivos jóvenes para *distraerse* (**to relax**) y encontrar pareja. Se dice que esto ya pasó de moda, que la vida hogareña, el **"cocooning"** *("vida de capullo"),* ha reemplazado a la vida agresivamente social (**outgoing**). Por otra parte, hay que decir que el SIDA (**AIDS**) ha tenido una gran influencia en el comportamiento sexual de los jóvenes: desde hace algunos años, la "revolución sexual" y el relajamiento de las costumbres se enfrentan a un nuevo puritanismo y un neoconservadurismo creciente.

En Estados Unidos, durante los viajes o en casa de alguna amistad, los extranjeros deben *conversar* (**to chat**) con sus *vecinos* (**neighbor**) o sus *anfitriones* (**host/hostess**).

Al igual que en otras partes, cierto número de temas intrascendentes permiten mantener una conversación sin comprometer a los participantes. Se trata, como se dice familiarmente, de "hablar del clima".

Los diálogos pueden ser muy triviales y directos: *¿De dónde es usted?* ("**Where are you from?**"). Se trata de *conocerse* (**to make contact**), establecer contacto, sólo eso. La conversación surge con gran facilidad en los *lugares públicos* (**public places**), las calles, los hoteles, los restaurantes, los parques; probablemente sea aún más sencilla y directa en las ciudades pequeñas que en las grandes. Cuando se habla con alguien, es posible que un tercero se una con toda naturalidad a la conversación.

Hay una clara tendencia a la *extroversión* (**outgoingness**) en la cultura estadounidense. No es atrevido "conversar" con cualquier persona. Por el contrario, permanecer *callado* (**silent**) frente a otras personas, en un avión, un compartimiento de un tren o en un autobús lleno, puede resultar molesto para los demás. Si su vecino de asiento en el avión no le dirige *algunas palabras* (**a few words**) cuando se instala a su lado, su actitud como estadounidense se considera extraña.

La *conversación* (**talk**) permite *ubicar* (**to "place"**) y ser ubicado por los demás, que de esta forma pueden conocer mejor sus características y, llegado el caso, familiarizarse con usted.

Sin embargo, debido a la historia que comparten Estados Unidos y el resto del mundo, así como algunos puntos de fricción, ciertos temas pueden provocar un *interés* (**interest**) sincero recíproco o, por el contrario, ser motivo de *enojo* (**anger**). Según el tipo de personas con las que se encuentre, al turista extranjero le interesará saber de antemano qué áreas no ofrecen ningún riesgo y cuáles pueden enconar una discusión.

También debe saber que a los estadounidenses les disgusta que los *interrumpan* (**to be interrupted**) cuando hablan. Una pregunta bien planteada y comprensible suscita de su parte una respuesta clara y lo suficientemente larga. Así pues, consideran que se les está quitando el tiempo que ellos estiman útil a fin de desarrollar su *pensamiento* (**thought**).

Sin duda, sentirán cierta frustración al ser interrumpidos, lo que traerá de su parte frases enérgicas del tipo: *"¡Permítame terminar!"* (**Let me finish! I am not finished!**). Ellos esperan, con justo derecho en su contexto de referencia, ser escuchados hasta que terminen de hablar.

— Mi nombre es John, ¿cómo se llama usted?
**My name is John, what is your name?**

— Mucho gusto. Me llamo Pedro.
**How do you do? My name's Pedro.**

— Encantado de conocerlo.
**Glad to know you.**

— ¿De qué nacionalidad es usted? / **What nationality are you?**

— Soy mexicano, peruano, uruguayo. / **I'm Mexican, Peruvian, Uruguayan.**

— ¿Dónde vive? ¿De dónde es usted?
**Where do you live? Where are you from?**

— ¿Cuánto tiempo lleva en Estados Unidos?
**How long have you been in the United States?**

— ¿Es la primera vez que viene a Florida?
**Is this your first visit to Florida?**

— Sí, el año pasado fui a California.
**Yes, last year I visited California.**

— ¿A qué se dedica? / **What do you do?**

— Soy estudiante, funcionario público, agricultor, ingeniero, profesor.
**I'm a student/ civil servant/ farmer/ engineer/ teacher.**

— ¿Cuanto tiempo permanecerá en Estados Unidos?
**How long are you going to stay in the U.S.?**

— ¿Qué lugares ha visitado hasta ahora?
**What have you seen?/ Where have you been so far?**

— ¿Es usted soltero/casado? / **Are you single/married?**

— ¿Tiene hijos? / **Do you have any children?**

— Sí, un hijo y una hija. Mario, de doce años, y María, de diecisiete.
**Yes, a son and a daughter. Marius is twelve years old and Marie is seventeen.**

— ¿Puede recomendarme un hotel barato/cómodo en Seattle?
**Could you recommend an inexpensive/comfortable hotel in Seattle?**

— En Phoenix, no deje de visitar el Heard Museum, es muy interesante.
**Don't miss the Heard Museum in Phoenix, it's very interesting.**

● HABLAR DE COSAS INTRASCENDENTES (to make small talk)

Desde que dos desconocidos se encuentran uno al lado del otro en cualquier circunstancia de la vida cotidiana, conviene que entablen espontáneamente una conversación. Pueden echar mano de toda una gama de temas anodinos: *el tiempo* (the weather), los deportes, los *planes de viaje* (travel plans), la *familia* (family)...

No obstante, algunas preguntas pueden parecer demasiado directas para un extranjero. Por ejemplo, a un estadounidense le gustará saber si un chico o una chica que viajan solos tienen *novio(a)* (boyfriend, girlfriend). También puede preguntar *cuánto* le costó (how much) el *boleto de avión* (plane ticket) para llegar adonde esté o el suéter que lleve puesto, y querrá saber sobre su familia o su trabajo.

Asimismo, notará que ante un extranjero, un gran número de estadounidenses pronunciarán algunas frases o palabras de idioma que éste hable, casi siempre las mismas... Los más cultos se mostrarán más reservados.

● ADAPTAR UNA ACTITUD

Cuando la conversación se desvíe a temas más serios, conviene saber con quién está tratando, pues no todos los estadounidenses comparten la misma opinión sobre otros países.

En general, entre la gente culta y a la moda (sophisticated people), hallará un cierto conocimiento de otras culturas, a veces muy profundo. Por el contrario, en los estratos más populares, no siempre es así.

● BUENOS TEMAS DE CONVERSACIÓN (good topics for conversation)

Todo lo relacionado con la *buena comida* (good food), el *vino* (wine) y la *moda* (fashion) ofrece buenas opciones para entablar una plática cordial. Por el solo hecho de ser de otra nacionalidad, es probable que sea elegido como árbitro del *buen gusto* (good taste) y a menudo se lo solicita para que dé su opinión.

— ¿A dónde va?/**Where are you heading?**

— ¿Qué le parece el clima de los alrededores?
**How do you like the weather around here?**

— ¿Qué temperatura hay en Argentina en esta época del año?
**How hot/cold does it get in Argentina this time of the year?**

— ¿Tiene parientes en este país?
**Do you have any relatives in this country?**

— Pienso que las francesas son tan elegantes y encantadoras.
**I think French girls are so sophisticated and charming.**

— Quisiera presentarle a mi esposa. Ann, te presento a Pablo, de México.
**I'd like you to meet my wife. Ann, this is Pablo from Mexico.**

— Me encanta visitar Nueva York, pero jamás viviría ahí.
**I love to visit New York but I would not live there.**

— ¿Todavía usan boina muchos franceses?
**Don't many French people still wear a béret?**

— ¿Por qué los latinoamericanos no apoyan la política exterior estadounidense?
**Why don't Latinamerican people support American policies in the world?**

— A mi esposo y a mí nos encanta París. Estuvimos ahí el verano pasado y disfrutamos de una cena maravillosa en La Tour d'Argent.
**My wife and I just love Paris. We were there last summer and had a fabulous dinner at La Tour d'Argent.**

— Soñamos con visitar a la Costa Azul la próxima vez que viajemos a Francia.
**We dream of making it to the French Riviera next time.**

— En su opinión, ¿este vino de California es mejor o peor que el de Bordeaux?
**How does this California wine compare to Bordeaux wine?**

— El paisaje del campo es hermoso.
**The countryside is beautiful.**

— ¿Qué me recomienda visitar durante mi estancia?
**What do you suggest I see while I am here?**

— Ha sido un placer conversar con usted.
**It was nice talking to you.**

● TEMAS QUE DEBEN EVITARSE (topics to be avoided)

En primer lugar, aunque se trate de un deporte nacional en muchos otros países, conviene que evite *criticar* (to criticize) todo sistemáticamente, y a Estados Unidos en particular. Sería de muy mal gusto que lo hiciera frente a estadounidenses. En estas ocasiones, muchos de ellos citan la siguiente frase: **America: love it or leave it!** (*¡ámela o déjela!*).

Asimismo, más vale que evite presentar el espíritu de independencia como una cualidad. A los estadounidenses no les agradan mucho las posturas de muchos *políticos* (**politicians**) extranjeros respecto del *tercer mundo* (**third world**) o a lo que conviene hacer para resolver los problemas del mundo. Tienden a pensar que la historia reciente los descalifica para asumir posturas originales en tanto que la suya les da *derecho* (**right**).

Por último, cabe mencionar la existencia de restos de un puritanismo que en muchas ocasiones prohíbe evocar todo aquello que pueda recordar que el hombre también es animal: no se habla de lo relacionado con el sexo, la muerte, el alumbramiento. También se evita hablar de política con gente que no se conoce bien. Por regla general, los estadounidenses prefieren no oponerse abiertamente a las ideas de otros; más bien se buscan temas con los que puedan entablarse conversaciones cordiales.

| | |
|---|---|
| amar | to love |
| amigos | friends |
| antes/después | before/after |
| belga | Belgian |
| casa | house |
| casado | married [marid] |
| ciudad | city (ciudad pequeña: town) |
| conocer | to know |
| contento | happy; glad |
| conversar | to talk; to chat |
| ¿cuándo? | when? |
| ¿cuánto tiempo? | how long? |
| departamento | apartment |
| edad | age |
| estancia | stay |
| Europa | Europa [iurreup] |
| extranjero | foreigner [forine'] |
| familia | family |
| hablar | to talk; to speak |
| idioma | language [langwidj] |
| importante | important |
| interesante | interesting |
| ir | to go |
| llegar | to arrive |
| niño | child |
| nombre | name |
| paisaje | landscape; scenery |
| partir | to leave |
| permanecer | to stay |
| profesión | profession; line of work |
| ¿qué? | what? |
| ¿quién? | who? |
| recomendar | to recommend/advise |
| solo | alone |
| soltero | single (un soltero: a bachelor) |
| trabajar | to work |
| venir | to come |
| viaje/viajar | trip/to travel |
| visitar | to visit |
| vivir | to live |

● LOS PARQUES NATURALES Y CAMPAMENTOS (natural parks and camping)

Para un turista resulta muy fácil conocer la naturaleza virgen de Estados Unidos. Debe equiparse en una *tienda de artículos deportivos* (sporting goods store) de una ciudad grande que le servirá de punto de partida. Necesitará: un *mapa* (map), una *tienda* (tent), un *saco de dormir* (sleeping bag), un *cojín* (pad), una *mochila* (backpack) y *alimentos* (food).

Puede aventurarse sin dificultad en los rincones más alejados de los parques naturales de Estados Unidos; sin embargo, por razones muy serias, es indispensable que respete algunas reglas muy sencillas. En muchos parques, antes de encaminarse a las zonas vírgenes, debe solicitar un *permiso* (wilderness permit) a los *guardabosques* (rangers) e informarles a qué sitios piensa ir.

Algunas de las precauciones que debe tomar si se aventura por los *caminos menos frecuentados* (backcountry):

1) Asegúrese de disponer de agua. No se fíe de los mapas, pues en el oeste muchos *ríos* (stream, creek) y aun *lagos* (lake) están *secos* (dried up) en el verano. Los **rangers** pueden indicarle los sitios que debe evitar.

2) Debe saber bien a dónde va. El territorio de los parques es inmenso: si llega a perderse lejos de las zonas muy frecuentadas, puede quedar aislado durante mucho tiempo. Los *senderos* (trails) están muy bien señalados, pueden seguirse fácilmente con ayuda de un buen mapa.

3) Los *osos* (bear) y otros animales no le harán daño (a menos que los moleste o se interponga entre ellos y sus crías). Por el contrario, ellos tendrán mucho gusto en hurtar su comida si usted los deja. Si hay muchos osos en la zona donde esté (como, por ejemplo, en **Yosemite**), en las noches debe poner todas sus provisiones (y los productos de belleza, cuyo olor puede atraerlos) en una bolsa y colgarla en una rama muy alta. Los **rangers** le explicarán cómo proceder.

En todos los *parques nacionales* (national parks) y *regionales* (state parks), puede acampar sin tener que adentrarse solo en la naturaleza. Los *terrenos de acampar* (campgrounds) de los grandes parques con frecuencia están llenos en el verano, pero no son desagradables. Se trata de un medio para ponerse en contacto con la naturaleza y conocer a otras personas. En los parques grandes, se organizan veladas animadas por los **rangers** en las que se relata la historia del parque y se *canta* (to sing) alrededor de una *fogata* (campfire). No dude en unirse a ellos, pues los **rangers** son muy competentes y estas tranquilas veladas, si hace un lado su reserva, pueden ser muy agradables. (Ver p. 28, ALOJAMIENTO.)

# 15 LOS PARQUES Y LA NATURALEZA (parks and nature)

| PARQUE O MONUMENTO NACIONAL | CIUDAD(ES) DE ACCESO (transportes públicos) | PASEOS |
|---|---|---|
| ARCHES/CANYONLANDS<br>National Parks<br>Moab, UT 84532<br>(801) 259.7164<br>Temporada: marzo a octubre | Moab (a 8 km)<br>• Avión: salida de Salt Lake City, UT, y de Grand Junction, CO, a 176 km<br>• Autobús: Trailways | Jeep & descenso por los ríos (salida de Moab). Vuelos por el área todo el año. Caballos (Horsehead Pack Trips, Monticello). Pistas de caminata. |
| DEATH VALLEY<br>National Monument Death Valley<br>CA 92328<br>(714) 786.2331<br>Temporada: octubre a mayo | Las Vegas (a 219 km)<br>• Avión<br>• Autobús: Greyhound & Trailways<br>• Tren: Amtrak | Vuelo por el valle o vuelos con visita a los museos de Furnace Creek (salida de Las Vegas, mediados de octubre-mediados de mayo). Caballos (salida de Furnace Creek). |
| GRAND CANYON<br>National Park<br>AZ 86023<br>(602) 638.2245<br>abierto todo el año<br><br>N.B. Hay una pista de 34 km que une la vertiente sur a la vertiente norte, pero hay que ser deportista... En auto, la distancia es de... 344 km | VERTIENTE NORTE<br>No hay transporte público, salvo un servicio muy limitado de autobuses que salen de Cedar City (mediados de junio-agosto)<br><br>VERTIENTE SUR<br>Grand Canyon<br>• Avión<br>Flagstaff (a 132 km)<br>• Autobús: Greyhound & Trailways<br>• Tren: Amtrak<br>Las Vegas (a 427 km) | En autobús: de Grand Canyon Lodge a Cape Royal, caballos en la carretera de cornisa, mulas en el cañón. Numerosas pistas de caminata.<br><br>Colectivos gratuitos. Excursiones en autobús, mula, bicicletas, vuelos: avión o helicóptero. También hay oportunidad de sobrevolar el área saliendo de Las Vegas. |
| GRAND TETON<br>National Park<br>Box 112<br>Mosse, WY 83012<br>(307) 733.2880<br>Temporada: fines de mayo a septiembre | Jackson (a 7 km)<br>• Avión<br>• Autobús: Greyhound & Trailways<br>Los autobuses del parque se encargan de todas las conexiones | Excursiones en autobús, lancha, en los rápidos, a caballo, en bicicleta, alquiler de canoas, alpinismo; numerosas pistas de caminata. |
| MONUMENT VALLEY NAVAJO TRIBAL PARK<br>Tribal Ranger Station<br>Kayenta, AZ 86033<br>(801) 727.3287<br>Temporada: mediados de marzo a noviembre | Kayenta, AZ (a 40 km)<br>Acceso por Mexican Hat, UT, y Bluff, UT<br>no hay transporte público | Excursiones en vehículos para todo tipo de terrenos. |
| YELLOWSTONE<br>National Park<br>WY 82190<br>(307) 344.7381<br>Temporada: mayo a septiembre | Bozeman, MT (a 90 km)<br>• Avión; autobús, tren<br>Livingston, MT (a 48 km)<br>• Autobús: Greyhound<br>• Tren: Amtrak<br>West Yellowstone (a 22 km)<br>• Avión: Frontier (junio-septiembre)<br>• Autobús: Greyhound | Excursiones en autobús, a caballo, en diligencia, en lancha, alquiler de lanchas. Esquí de fondo y snowmobile en invierno. Pistas de caminata. |
| YOSEMITE<br>National Park<br>CA 95389<br>(209) 372.4461<br>Abierto todo el año | Fresno (a 141 km)<br>• Avión<br>• Autobús: Greyhound & Trailways<br>Lee Vining (a 88 km) (julio-principios de septiembre)<br>• Autobús: Greyhound<br>Merced (a 125 km)<br>• Autobús: Greyhound & Trailways<br>• Tren: Amtrak | Colectivos gratuitos en el parque. Excursiones en autobús, a caballo, mula, en bicicleta, natación, numerosas pista de caminata; deportes de invierno y snowmobile en temporada. |

# 15 LOS PARQUES Y LA NATURALEZA (parks and nature)

● PRESENCIA DE LA NATURALEZA

Fuera de las ciudades y de las zonas de cultivo, en Estados Unidos hay grandes espacios —*bosques* (forest), *desiertos* (desert), *montañas* (mountain)— en las que el hombre aún no ha causado muchos estragos. Casi en todo el país, los *parques* (parks) e incluso los *jardines de las casas* (garden, backyard) reciben la visita de una gran cantidad de animales inofensivos: *venados* (deer), *ardillas* (squirrel), *mapaches* (racoon), *zorrillos* (skunk), así como una gran variedad de *aves* (birds). No obstante, estos animales pueden causar estropicios cuando buscan alimento: voltean los botes de basura, desgarran sacos de dormir o tiendas, hurtan provisiones...

Si le gusta *observar a las aves* (bird-watching), se sentirá feliz entre las especies pequeñas del este, los *búhos* (owl) que se encuentran por todas partes, las majestuosas *garzas* (heron) y *halcones* (hawk, falcon). Se trata de un **hobby** bastante extendido en Estados Unidos y no le será difícil encontrar una persona que le indique cuáles son los mejores sitios de la región. No olvide sus *binoculares* (binoculars).

Algo menos agradable es la presencia en ocasiones impresionante de *mosquitos* (mosquitoes) en las grandes planicies, el sur y la parte este del país. En estas regiones, las ventanas de las casas están equipadas con *mosquiteros* (mosquito netting). Los excursionistas no deben olvidar llevar uno en su equipo.

● LOS PARQUES NACIONALES (national parks) Y REGIONALES (state parks)

Los parques y las *reservas naturales* (nature reserve) tienen origen en el interés por preservar la naturaleza y transmitir su herencia intacta a las generaciones futuras. Los más grandes son muy conocidos (ver página 157) y a menudo tienen demasiados visitantes en verano. Debe acatar los *reglamentos* (rules and regulations) de los parques, incluidos en los folletos que se distribuyen a la *entrada* (entrance), de lo contrario corre el riesgo de que le apliquen una *multa* (fine) o de sufrir un *accidente* (accident).

También conviene visitar los cientos de parques menos conocidos: hay un gran número de parques regionales pequeños, normalmente cerca de las ciudades, en los que puede adentrarse por caminos más o menos solitarios para admirar *cascadas* (waterfalls), *acantilados* (bluff, cliff), *estanques* (ponds) y otros escenarios naturales.

En un país donde el automóvil tiene tanta importancia, tal vez le sorprenda el número y la longitud de las pistas para c*aminata de fondo* (hiking trails): la Appalachian Trail, por ejemplo, va del Maine hasta Georgia siguiendo la cresta de los Apalaches.

— Le encantará el paisaje.
**You'll enjoy the scenery.**

— Esta vista lo dejará sin aliento.
**This view is breathtaking.**

— ¿Podría recomendarme un buen lugar para observar aves?
**Could you recommend a good place for bird-watching?**

— Varias especies de aves vienen a alimentarse a nuestro jardín (trasero).
**Many different species of birds come to feed in our backyard.**

— Tenga cuidado con las serpientes.
**You'd better watch out for snakes.**

— ¿Cómo se llama este insecto? ¿Pica?
**What do you call this insect? Does it bite?**

— No se preocupe, este animal es completamente inofensivo.
**Don't worry, this animal is quite harmless.**

— En ningún momento salga del sendero.
**Do not leave the trail at any time.**

— Favor de no alimentar a los animales.
**Please do not feed the animals.**

— Estos animales no son domésticos, son salvajes.
**This animals are not tame they are wild.**

---

PASEANTES EN LA NATURALEZA, ATENCIÓN (**Be careful!**):

En ciertas regiones puede toparse con serpientes venenosas: la *"serpiente de cascabel"* (**rattlesnake**) en el desierto del oeste, por ejemplo, o las **water moccasin** en el sur. Basta con que tenga cuidado donde pisa. En caso de que reciba una *mordida* (**bite**), busque rápidamente a un médico, o bien succione la herida y escupa el veneno que la serpiente inyectó.

En el este del país, puede encontrar la **poison ivy**, especie de *hiedra* (**ivy**) que crece en los árboles, o en el suelo. Si entra en contacto con la piel provoca una irritación y *comezón* (**itching, scratching sensations**) parecidas a las de la varicela. En el oeste, hay una pequeña planta verde y roja de hojas parecidas a las del *roble* (**oak**), llamada **poison oak**, que produce estas mismas reacciones. Además, oirá hablar de las *garrapatas* (**tick**), en ocasiones portadoras de enfermedades. Para protegerse de estas plantas y de las garrapatas, sólo tiene que llevar pantalones y *manga larga* (**long sleeves**) y tener cuidado con las plantas que toca.

## ● EL DEPORTE DESDE LA INFANCIA

Un gran número de estadounidenses practican varios deportes durante su infancia y muchos continúan haciéndolo de adultos.

Los niños cuentan con *horarios escolares* (**schedules**) que favorecen en gran medida la práctica de deportes. Se los deja libres parte de la tarde y la mayoría aprovecha ese tiempo para dedicarlo a actividades deportivas.

## ● EL DEPORTE ESPECTÁCULO

Así pues, el deporte constituye un espectáculo popular muy importante, ya sea para *brindar apoyo* (**to show support**) a los *amateurs* (**non-profesional**) o *admirar* (**to admire**) a los profesionales. La importancia del deporte salta a la vista cuando uno enciende una televisión y ve el sitio tan destacado que ocupa en las programaciones y la forma tan dramática y emocional en que a menudo se lo presenta.

Durante las transmisiones por televisión de los *partidos* (**game**) entre los *equipos de las ligas mayores* (**major league teams**), el país entero se siente involucrado y todos se acomodan en un lugar ante el aparato televisor. Son raras las personas que nunca han echado un vistazo cada año al "Super Bowl", célebre final del *futbol americano* (**American football**).

## ● EL DEPORTE BUSINESS

El deporte también se explota como un producto de consumo masivo. A través de las tomas y los *comentarios* (**commentaries**) se busca provocar la emoción del telespectador-consumidor y obtener su atención constante. Se solicita su *fidelidad* (**loyalty**) durante todo el año mediante una programación atinada de los deportes principales.

Las *"temporadas"* (**season**) de los tres deportes con mayor número de aficionados se traslapan parcialmente: **baseball**, *abril* (**April**) a *octubre* (**October**), **football**, *septiembre* (**September**) a *enero* (**January**), **basketball**, *noviembre* (**November**) a abril.

El "deporte espectáculo" se sostiene gracias a fondos de *publicidad* (**advertising**) considerables. La *sociedad de consumo* (**consumer society**) lo mantiene y aprovecha el interés tan grande y constante del gran público.

Aproximadamente cada quince minutos, los *comerciales* (**ad**) interrumpen los partidos y tratan de captar la atención de los telespectadores bajo presión. El **sponsoring** de los acontecimientos deportivos es un *mercado* (**market**) en pleno crecimiento.

# 16 LOS DEPORTES (sports)

— ¿Cuánto cuesta la entrada?
**What's the admission charge?**

— ¿Es fácil conseguir boletos?
**Is it easy to get tickets?**

— ¿Puede explicarme las reglas del juego?
**Can you explain the rules of the game?**

— ¿Hay juego de beisbol esta semana?
**Is there a baseball game this week?**

— Me gustaría ir a un partido de futbol.
**I'd like to see a football game.**

— ¿Transmitirán este partido por televisión?
**Will this game be broadcast on television?**

— ¿Cuál es el equipo contrario?
**Which is the opposing team?**

— ¿Cuáles son los mejores equipos de la región?
**Which are the best teams in the area?**

— ¿Qué deporte practica usted?
**What sport do you play?**

— ¿A qué equipo le va?
**What team are you rooting for?**

— ¿Le gusta ver deportes por televisión?
**Do you like watching sports on television?**

— ¿Dónde juega basquetbol?
**Where do you play basketball?**

— ¿Qué equipo ganó el campeonato el año pasado?
**Which team won the championship last year?**

— ¿Está equipado para practicar deporte?
**Do you have a lot of sports equipment?**

— ¿Muchos mexicano/estadounidenses practican algún deporte?
**Do a lot of Mexican people/Americans play a sport?**

# 16 LOS DEPORTES (sports)

## ● DEPORTES, TELEVISIÓN Y FAMILIA

Antes de que se inicie la transmisión televisiva de juegos importantes, la mayoría de las familias estadounidenses preparan *bocadillos* (snacks) y bebidas para ver la televisión en su "living-room" con la máxima comodidad.

En su mayoría, son los hombres quienes con gusto sacrifican sus tardes o incluso sus fines de semana a este rito de contemplación de juegos. Las mujeres se ven relegadas, según la expresión, al estado de *"viudas del futbol"* (football widows). Para distraerse, en ocasiones se reúnen en casa de una u otra.

La demanda por las transmisiones deportivas ha dado por resultado el veloz éxito de ESPN, una cadena de cable de Connecticut. La idea original es muy sencilla: se trata de transmitir deporte las 24 horas del día. Ocho años después de su creación, cuenta ya con 45 millones de suscriptores.

## ● EL LENGUAJE DEL DEPORTE ("sports talk")

El deporte es el espejo de Estados Unidos. Numerosas expresiones utilizadas en el lenguaje cotidiano provienen del contexto deportivo y la gente las emplea sin darse cuenta de ello. Tenemos, por ejemplo: "To give the kick off", es decir, *dar comienzo a algo;* "This is home base", *éste es nuestro terreno;* "He has a good track record", *tiene una gran experiencia;* "This is a pretty good batting average", *tiene una buena marca, un buen promedio de logros...*

Estas expresiones, y muchas otras, parecen indicar que el deporte es la vida y un observador externo puede encontrar que Estados Unidos se parece a un campo de juego.

## ● DEPORTE, PRESTIGIO Y ASCENSO SOCIAL

En Estados Unidos, el deporte puede representar un medio de ascenso social (social climbing) y prestigio (prestige). En los últimos tiempos éste ha sido el caso de numerosos miembros de la comunidad negra. La trayectoria de algunos campeones los ha colocado en el candelero.

En un nivel más modesto, no es raro encontrar en los hogares estadounidenses *vitrinas* (showcase) donde se muestran las *copas* (cups), *medallas* (prize) y *trofeos* (trophies) ganados por tal o cual miembro de la familia del que todos se sienten orgullosos. Algunas personas exhiben en su *"despacho"* (den) los instrumentos de sus glorias deportivas del pasado: *bat de beisbol* (baseball bat), copas, *raquetas* (racket), balones. De las paredes cuelgan banderas, escudos y *banderines* (pennants) de las escuelas o las universidades, testigos de recuerdos llenos de historia.

# 16 LOS DEPORTES (sports)

## ● DEPORTE Y SHOW-BUSINESS

El deporte sigue siendo uno de los componentes importantes del "show-business" de Estados Unidos.

Con frecuencia los partidos o exhibiciones incluyen pequeños espectáculos en los que se combina música y la presencia de jóvenes *porristas* (**cheer leaders**) encargadas de crear y mantener el ambiente. Esto se da principalmente en los encuentros de equipos de preparatorias o colegios.

Las porristas exhortan a los *seguidores* (**fan**) de su equipo. Si el equipo que apoyan se llama los Braves, su función consiste, por ejemplo, en *gritar* (**to yell**): "Give me a B!" y la *multitud* (**crowd**) de sus seguidores gritará "B!", después "Give me an R"!, "...R!", "Give me an A"!, "...A!", "Give me a V"!, "...V!", "Give me an E"!, "...E!", "Give me an S"!, "...S!", "What do you get?" (*¿qué obtenemos?*) pregunta la **cheer leader**; "BRAVES!" responde el público. "What do you get?" repite la **cheer leader**; "BRAVES!" exclama el público, y así sucesivamente...

En los partidos de los equipos más famosos, los *lugares* (**seat**) deben *comprarse* (**purchase**) con mucha antelación. Conseguir boletos en el último momento es exponerse a la codicia de los *revendedores* (**sharks**).

## ● DEPORTE Y CUIDADO DE LA FIGURA (sports and staying in shape)

Los deportes para "mantenerse en forma" tienen un éxito cada vez mayor en Estados Unidos. La moda del **jogging**, por ejemplo, ha alcanzado proporciones sorprendentes. Puede practicarse solo o con la esposa, los amigos, los vecinos, el perro... u otros **joggers** que se encuentre.

El culto del *cuerpo* (**body**), de la *juventud* (**youth**) y de la *buena salud* (**good health**) es más actual que nunca. El objetivo es permanecer jóvenes y bellos.

También se practica el deporte individual en una habitación, como la gimnasia frente a la televisión, siguiendo los prestigiados métodos de Jane Fonda o de Raquel Welch para conservarse *esbelto* (**slim, svelte**) y dinámico.

En muchos *gimnasios* (**gym**) millones de clientes practican los aeróbicos, el **body building**, el fisicoculturismo, los deportes de combate, la danza moderna, etc.

Cuando los deportistas llegan a la *edad madura* (**middle age**) más o menos cansados, muchos aprenden a jugar golf a fin de continuar una práctica deportiva más *relajada* (**relaxed**), por su afición a las competencias deportivas y para desarrollar una red de relaciones útiles tanto en el aspecto social como en el profesional.

Para mantenerse en forma "en privado", las *bicicletas estacionarias* en el baño (**stationary bikes**) son muy acostumbradas. Puede programarse la velocidad en un cuadrante en función del esfuerzo que desee hacer y llevar fuertes impresiones al cronometrar su rendimiento. También se lucha contra el sobrepeso y los daños de la gordura compitiendo consigo mismo.

Hay algunos aparatos especiales para *caminar* (**walking**) equipados con *bandas sin fin* (**tread mills**). De esta forma, por la mañana pueden caminarse de ocho a diez kilómetros en el baño a 8 km por hora.

Es más difícil que la verdadera *bicicleta* (**bicycle**) tenga aceptación con este público o lo seduzca (salvo en los campus universitarios), pese a los excelentes resultados internacionales del campeón estadounidense Greg Lemond.

Las *tablas de patinaje* (**skate boards**) tienen muchos adeptos entre los jóvenes. Algunos parques cuentan con pistas de cemento o áreas acondicionadas para *temerarios* (**dare-devil**), quienes a menudo hacen gala de una destreza notable y una habilidad endemoniada.

## ● FUTBOL AMERICANO

Cada *equipo* (**team**) está integrado por once jugadores protegidos con *cascos* (**helmets**) y *almohadillas* (**padding**). Los partidos se dividen en *cuatro tiempos* (**quarters**) de quince minutos. Los equipos cambian de lado entre el primero y el segundo, y luego entre el tercero y el *cuarto* (**quarter**). El equipo que está en posesión del balón (de forma oval) trata de llevarlo hasta la *zona de anotación* (**end-zone**) del equipo contrario, ya sea que los *jugadores* (**player**) lleguen allá corriendo o haciendo circular el balón entre ellos. La *ofensiva* (the "**offense**") conserva el balón hasta que sus *adversarios* (**opponent**) se lo arrebaten o intercepten un *pase* (**pass**); sin embargo, si al cabo de cuatro *jugadas* (**down**) no logran avanzar diez **yards** (alrededor de diez metros), el balón pasa al equipo contrario. Cuando un jugador entra con el balón en la zona de anotación del equipo contrario o cuando intercepta el balón en esta misma zona y toca con él el terreno, anota un **touchdown** (anotación que equivale a seis puntos). También se puede anotar haciendo un **scrimmage** (líneas cerradas de los delanteros de ambos equipos) sobre la línea de las tres **yards** o pateando el balón para marcar un gol de campo.

Este deporte se divide en **professional football** y en **college** o **intercollegiate football**, que agrupa a los equipos universitarios.

| | |
|---|---|
| *adelante:* forward | *fuera de lugar:* off-side |
| *despeje:* free kick | *1a. mitad:* first half |
| *empate:* tie, draw | *cambio:* substitute |

El equipo que esté en posesión del balón recibe el nombre de "offense" y sus adversarios el de "defense".

# 16 LOS DEPORTES (sports)

## ● EL BEISBOL

El beisbol nació de los juegos tradicionales en los que se utiliza un *bat* (bat) y una *pelota* (ball) y que consisten en *golpear* (to hit) una pelota lanzada por el equipo contrario. Un equipo está *al bat* (at bat) y el otro *en el campo* (in the field). Las cuatro "bases" están dispuestas en forma de rombo. El bateador (batter) se encuentra en la home base. A su derecha está la 1a. base, frente a él la 2a. base y a su izquierda la 3a. base. El *lanzador* (pitcher) se encuentra entre la home base y la segunda base. Cada equipo tiene nueve jugadores, cada uno de los cuales pasa al bat y tiene tres oportunidades para pegarle a la pelota. Cuando tres jugadores son *eliminados* (out), el equipo al bat pasa al campo y viceversa.

Para que el jugador que está al bat *anote* (score) una carrera, debe golpear el lanzamiento del pitcher y, mientras los jugadores del campo intentan atraparla, correr a la primera base o tan lejos como pueda llegar. Si sus adversarios atrapan la pelota antes de que ésta toque el suelo, se marca un out. Cuando el siguiente jugador le pega a la pelota, el primer jugador puede correr a la siguiente base. En el momento en que pise las tres bases y regrese a su punto de partida, anota una carrera. Para detenerlo (es decir, marcarle un out), el jugador de campo que tenga la pelota debe tocarlo con ella antes de que llegue a una base o lanzar la pelota al jugador que cuida esa base. El periodo necesario para que un equipo pase sucesivamente al bat y al campo constituye una "inning" *(entrada)*. El equipo que hace más carreras al cabo de nueve innings gana el juego.

El baseball es el deporte estadounidense por excelencia, pese a que el futbol americano es el más popular como espectáculo. El baseball lo practican tanto niños (junior league) como adultos; estos últimos lo juegan más bien por placer que por competir.

Los equipos profesionales están organizados en dos ligas: la National League y la American League. Los nombres de estos equipos, por ejemplo Atlanta Braves, Cincinnati Reds, New York Mets, New York Yankees, Baltimore Orioles, son conocidos por todos los estadounidenses.

El baseball se juega no solamente en Estados Unidos sino también en Canadá, Cuba (donde sigue siendo muy popular) y Japón.

● EL CAMPO DE FUTBOL AMERICANO (football field)

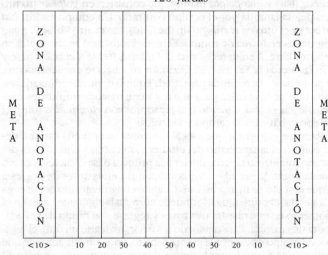

120 yardas

● EL CAMPO DE BEISBOL

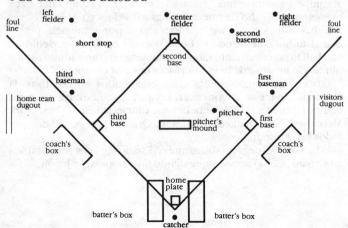

166

| | |
|---|---|
| almohadillas | padding |
| árbitro | umpire, referee [rèferi:] |
| balón | ball |
| bat | bat |
| boleto | ticket |
| cambio | substitute, replacement |
| caminar | to walk |
| campo | field |
| campeonato | championship |
| carrera | race |
| casco | helmet |
| correr | to run |
| empatar | to even the score |
| empate | tie, draw |
| entrenador | coach |
| entrenamiento | practice, training |
| equipo | team |
| equipo contrario | opposite team |
| estadio | stadium, ballpark |
| fuera de lugar | off-side |
| ganar | to win |
| golpear | to hit |
| gradas | bleachers |
| juegos | games |
| lanzador | pitcher |
| meta | goal |
| patines de ruedas | roller-skates |
| perder | to lose |
| pista | track |
| porristas | cheer leaders |
| portero | goalkeeper |
| público | crowd |
| reglas del juego | rules of the game |
| romper una marca | to break a record |
| tiempos | quarters |
| torneo | tournament |
| tribuna | stand |
| victoria | victory |

## ● LA FE EN LA ENSEÑANZA

En Estados Unidos subsiste una gran fe en las virtudes de la enseñanza, no sólo para que los niños tengan un trabajo (**job/profession**), sino sobre todo para que se integren perfectamente a la *comunidad local* (**local community**) y a la comunidad nacional.

## ● UNA POLÍTICA DE ALIENTO SISTEMÁTICO

Para mantener los deseos de superación, alentar el trabajo y seguir el dogma estadounidense según el cual todos los individuos tienen las *mismas oportunidades* (**equal opportunity**) de tener éxito cuando nacen, los *profesores* (**teachers**) no acostumbran *regañar* (**to reprimend**) a sus jóvenes alumnos cuando su comportamiento o su *rendimiento* (**results/performance**) no son los adecuados. Deben *pensar "positivamente"* (**think positive**) y buscar de modo sistemático que salgan a flote los elementos positivos o favorables de sus alumnos. Esto da por resultado que los *estudiantes* (**students**) estadounidenses tiendan a considerar que su nivel de rendimiento es elevado.

## ● UNA ORGANIZACIÓN LOCAL

En Estados Unidos, el control de la *educación pública* (**public education**) está en manos casi exclusivamente de las comunidades locales: ciudades o *condados* (**counties**) y estados; esto hace que la calidad de la enseñanza, el nivel de las aspiraciones y los resultados escolares de los alumnos estén muy relacionados con la riqueza local y la voluntad de la comunidad de brindar el apoyo financiero necesario.

Buena parte de la vida de las ciudades pequeñas gira en torno a las *escuelas* (**school**), pues los padres mismos eligen a los representantes de la *mesa directiva de la escuela local* (**local school board**), la cual tiene una gran autonomía en materia financiera, de contratación de profesores y sobre todo de determinación de los *programas de estudio* (**curriculum**). Así, el gobierno federal apenas tiene autoridad para imponer su opinión respecto de la educación pública.

No obstante, los fenómenos de moda y la preocupación por uniformar los programas han permitido cierta armonización entre las escuelas de distintos *distritos escolares* (**school district**).

## ● LA ORGANIZACIÓN INTERNA

En primer lugar, los estadounidenses no siempre llevan a sus hijos de 3 a 5 años a *guarderías* (**nursery schools**). En general, sólo los distritos escolares urbanos ofrecen jardines de niños para pequeños de cinco años (**kindergarten**), justo antes de su entrada normal al sistema educativo, a los seis años. En otros sitios, la única opción que se tiene son las **nursery schools** privadas, a menudo organizadas por las *iglesias* (**church**).

— ¿Qué están estudiando en la escuela?
**What are you studying in school?**
— ¿Cuál es tu materia preferida?
**What's your favorite subject?**
— ¿Qué quieres ser cuando seas grande?
**What do you want to be <u>when you grow up?</u>**
— ¿En qué escuela/grado estás?
**What school/grade are you in?**
— Está en décimo grado (preparatoria en México).
**She is tenth grader/in tenth grade.**
— ¿Qué calificación sacaste? Saqué 8.
**What grade did you get? I got a B.**
— Por causa del mal tiempo, la escuela permanecerá cerrada el día de hoy.
**Because of the bad weather, school will be out today.**
— Tendremos clase mañana a las 9:00 en el salón 20.
**Our class will meet tomorrow at 9:00 in room 20.**

---

Nursery School (2-4 años)
Elementary o Grammar School
   Kindergarten (5 años)
   First grade (6 años)
   Second grade, etc. (7 años)
   Sixth grade (11 años)
Junior High School
   Seventh grade (12 años)
   Eighth grade (13 años)
High School (14-18 años)
   Freshman year (Ninth grade)
   Sophomore year (Tenth grade)
   Junior year (Eleventh grade)
   Senior year (Twelfth grade)
College (cuatro primeros años universitarios) (18-22 años)
   Freshman, Sophomore, Junior y Senior years
Graduate School (posible especialización)
   Master's = Maestría
   Ph. D. (se pronuncia "pi eich di") = Doctorado
   M. B. A. (Master's of Business Administration), etc.

Por lo general, los alumnos tienen *clases* de 45 minutos (**class period**) por la *mañana* (**morning**) y quedan libres a *media tarde* (**afternoon**) para dedicarse a alguna actividad deportiva, cultural o artística. Normalmente, mantienen relaciones bastante francas, directas y de carácter casi amistoso con sus profesores.

En las escuelas primarias, el programa de estudios se concentra en el aprendizaje de técnicas básicas: *lectura, escritura* y *aritmética* (**the 3 Rs: reading, wRiting and aRithmetic**).

En la secundaria, hay pocas *materias* (**subjects**) obligatorias: *lenguas extranjeras* (**foreign languages**), matemáticas avanzadas e *historia mundial* (**world history**) sólo son obligatorias en las mejores escuelas. Por el contrario, muchas otras instituciones ofrecen *créditos* (**credit**) de tipo muy práctico, por ejemplo, en *cocina* (**cooking**), *administración del hogar* (**home economics**), *educación vial* (**driver's education**) y *expresión oral* (**speech**).

Los exámenes de *fin de curso* o de *fin de trimestre* (**midterm/final exams**) son *cuestionarios de opción múltiple* (**multiple choice tests**), de manera que los estudiantes estadounidenses están más acostumbrados a *marcar* (**to check**) las casillas de las *hojas de respuestas* (**answer sheet**) que a *redactar* (**to write**) en su idioma o a organizar sus ideas de manera sintética.

A las *escuelas del centro de las ciudades* (**inner city schools**) les resulta difícil conservar alumnos pertenecientes a la comunidad blanca de clase acomodada y tienen una proporción cada vez mayor de representantes de las *minorías étnicas* (**minority**), lo que echa por tierra la mayoría de los esfuerzos de *integración* (**integration**). Muchas familias blancas en buena situación económica se exilian a suburbios alejados o envían a sus hijos a escuelas privadas.

Por último, especialmente en el centro de las ciudades, las *drogas* (**drugs**) y la *delincuencia juvenil* (**juvenile delinquency**) causan estragos y los *índices de deserción escolar* (**drop-out rate**) son muy elevados.

● LAS ESCUELAS PRIVADAS (**private schools**)

Al igual que en Inglaterra, en el seno de las clases acomodadas o intelectuales de Estados Unidos existe una tradición de escuelas privadas cuya misión es formar tanto el carácter como el espíritu y el intelecto del alumno. En ciertos *internados* (**boarding schools**) muy prestigiados "se le prepara" (de ahí el nombre de **prep** y **preppy** para los alumnos) para que ingrese en las mejores universidades. En estas escuelas subsisten las viejas tradiciones y valores de la alta burguesía estadounidense: el valor, el deporte, la elegancia natural y la vivacidad intelectual...

| | | | |
|---|---|---|---|
| año escolar | school year | lección | lesson |
| aprender | to learn | leer | to read |
| aprobar | to pass, to succeed | lengua extranjera | foreign language |
| | | libro | book |
| calificación | grade | literatura | literature |
| clase | class | matemáticas | mathematics |
| contar | to count | | (avanzadas) arithmetic (en la elementary school) |
| cuaderno | notebook | | |
| curso | course [ko:ʳs] | | |
| diploma | diploma | materia | subject |
| director | director, principal, headmaster | mixto | co-educational, "co-ed" |
| enseñar | to teach | olvidar | to forget |
| escribir | to write | preparatoria | high school |
| escuela | school | presentar un examen | to take an exam (to pass: aprobar) |
| escuela de educación media | middle school | | |
| escuela primaria | grammar school, elementary school | profesor | teacher, professor (en la universidad) |
| escuela privada | private school | reprobar | to repeat a grade |
| estudiante | student | saber | to know |
| examen | exam, examination | semestre | semester |
| geografía | geography | tarea | homework |
| gramática | grammar | técnico | technical |
| guardería | nursery school | trabajar | to work |
| historia | history | vacaciones | vacation |
| internado | boarding school | | |

---

### SISTEMA DE EVALUACIÓN (grading system)

A: excelente (excellent)  
B: bien (good)  
C: suficiente (fair/satisfactory)  
D: insuficiente (insufficient)  
F: reprobado (fail)

El sistema estadounidense permite que los buenos alumnos obtengan la máxima calificación en todo. Se habla de "straight A students" (*alumnos que sólo sacan A*). Cuando un alumno reprueba una materia, debe *volver a cursarla* (to repeat a credit), pero no se *reprueba un grado* (to repeat a grade), salvo excepciones.

# 18 LA FORMACIÓN UNIVERSITARIA
## (university education)

● LA VIDA EN EL CAMPUS (campus life)

En otros países no se ha puesto en práctica el concepto del campus, sobre todo porque las universidades no se encuentran fuera de las grandes ciudades. En cambio, las más de las veces las universidades estadounidenses se ubican en el campo, en inmensos campus con *áreas verdes* (**greenery**), *campos deportivos* (**playing-field**), restaurantes y *tiendas* (**shops**). En realidad, la filosofía que presidió la fundación de estas universidades señala que los *estudiantes* (**student body**) deben vivir al margen de la agitación citadina para poder dedicarse exclusivamente a su formación.

La universidad suele estar formada por varias *facultades* (**college**) o *escuelas* (por ejemplo, de medicina: **school of medicine**) y a las más grandes asisten decenas de miles de estudiantes.

Los *estudiantes* (**students**) eligen con cuidado la universidad en la que proseguirán con sus estudios durante un mínimo de cuatro años. En muchas ocasiones los padres no dudan en pagar a sus hijos un largo *viaje* (**campus tour**) por todos los estados para que visiten varios campus y pueden tomar una decisión. La mayoría de las veces, encuentran una universidad muy alejada de su lugar de residencia y por ello esta transición constituye una etapa importante en la vida de los jóvenes estadounidenses: se van a vivir solos, alejados de su familia y solamente regresan a casa una o dos veces al año durante las *vacaciones* (**vacation/school breaks**).

Por consiguiente, la universidad, a menudo aislada, debe satisfacer todas sus necesidades intelectuales, materiales y afectivas. Los campus disponen de numerosas *residencias para estudiantes* (**dormitories**), restaurantes e instalaciones (**student union building, gymnasium**, por ejemplo) para que los estudiantes realicen sus actividades sociales o deportivas (**extracurricular activities**).

Esto propicia una vida social muy intensa en grupos de todo tipo: *asociaciones estudiantiles* (**fraternity** y **sorority**), culturales, veladas y numerosas reuniones informales con el *profesorado* (**faculty**), que a menudo hace acto de presencia y se muestra dispuesto a participar en estas actividades.

Además, las universidades adoptan sistemáticamente una política activa de *contratación* (**employment**) de estudiantes, quienes *trabajan* (**to work**), por ejemplo, como *bibliotecarios* (**librarian**), *jardineros* (**gardener**), *meseros* (**waiter**), dan mantenimiento y vigilancia a los edificios o asisten a los profesores. Esto permite a las universidades contar con una *mano de obra* (**labor force**) segura y motivada y a los estudiantes *financiar* (**to pay for/finance**) una parte considerable de sus *gastos* (**expenses**).

172

— Nuestro campus se ubica a 100 km al sur de Chicago.
**Our campus is located 60 miles south of Chicago.**

— Tenemos más de 60,000 estudiantes y un cuerpo docente de alrededor de 5,000 profesores.
**We have total enrollment of 60,000 students and a faculty of about 5,000.**

— Tenemos más de 12,000 estudiantes inscritos en los diversos posgrados que ofrecen nuestras facultades.
**We train more than 12,000 students in the various post-graduate programs offered by our colleges.**

— ¿Dónde vives? ¿En el campus (en una residencia para estudiantes) o en la ciudad (en un departamento)?
**Where do you live? On or off campus?**

— Esta residencia es exclusivamente para chicas.
**This is a girls only residence.**

— Se solicita a todos los visitantes varones salir de las instalaciones a más tardar a medianoche.
**All male guests are requested to leave the premises by 12 midnight.** (Cartel en una residencia para chicas).

— ¿Regresarás a tu casa en las vacaciones de primavera?
**Will you go back home over the spring break/vacation?**

— Encontrarás un salón de belleza y una oficina de correos en el edificio de estudiantes.
**You'll find a hairdresser's and a post office in the student union building.**

— Necesito encontrar pareja para la fiesta de esta noche.
**I need to find a date for tonight's party.**

— La biblioteca estará abierta hasta la una de la mañana.
**The library will be open until 1 AM.**

---

En las universidades se contabilizan los *créditos* (credit) según el número de horas semanales por semestre.

Se otorga el diploma cuando se cubre el número necesario de créditos, lo cual permite que los estudiantes ajusten *su carga de trabajo* (work load) en función de sus recursos financieros, su empleo o cualquier otra razón, ya que se ofrecen los mismos cursos varias veces al año.

● CÓMO INGRESAR A LA UNIVERSIDAD (**getting accepted at a college**)

El *diploma de preparatoria* (**high school diploma**) no constituye una prueba de que se tiene cierto nivel. Así que las universidades no pueden confiarse en ellos para tener un parámetro objetivo de la calidad de los *candidatos* (**applicants**), quienes deben acudir a centros especializados que les aplican una serie de *exámenes de regularización* (**standardized test**), de *ubicación en las materias principales* (**performance/placement test**) y de *aptitudes* (**scholastic aptitude test**).

Por otra parte, los estudiantes presentan su solicitud de ingreso en cinco o seis universidades. En todas ellas deben llenar una *solicitud* (**application file**) bastante extensa en la que deben incluir su *boleta de calificaciones* (**transcript grades**) de la preparatoria, los *resultados de los exámenes* (**test scores**), *cartas de recomendación* (**letter of recommendation**) y ensayos-disertaciones sobre ciertos temas.

● LA ORGANIZACIÓN DE LOS ESTUDIOS

El *programa de la licenciatura* (**bachelor's degree**) se realiza en cuatro años y el de una *maestría* (**master's degree**), en uno o dos años. Un *doctorado* (**Ph.D. Philosophi Doctor**) se prepara en tres o cuatro años.

Curiosamente, el año incluye tres "semestres", pues todos ofrecen un *periodo de verano* (**summer term**). Durante sus estudios, los alumnos deben elegir una *materia de especialización* (**major**) y a menudo otra de *especialización secundaria* (**minor**).

La *especialización* (**graduate/post graduate work**) comienza verdaderamente después de que los estudiantes han recibido su título. Por ejemplo, para llegar a ser médico, un estudiante no entra a la **school of medicine** sino hasta el principio del quinto año de estudios universitarios. Lo mismo sucede con los estudiantes que eligen *administración* (**business**) o *derecho* (**law**).

● LAS DIVERSIONES (**relaxation and having fun**)

Los fines de semana, se organizan numerosas *fiestas* (**parties**), competencias deportivas entre universidades (el futbol americano es el más gustado) —a las que con frecuencia asisten *ex alumnos* (**alumni**) entusiastas y fieles—, sesiones de cine, etc.

— Quiero trabajar tiempo completo/medio tiempo para ahorrar algo de dinero.
**I'll be working full-time/part time to save some money.**

— ¿Qué calificación sacaste en los exámenes de aptitudes?
**What score did you get on the aptitude tests?**

— ¿En qué universidades presentó solicitud?
**What universities did he apply to?**

— La asistencia es obligatoria y todos los alumnos deben llegar puntualmente.
**Class attendance is compulsory and all students are expected to arrive in time.**

— ¿Qué lectura debemos hacer para la clase de la próxima semana?
**What's the reading assignment for next's week's class?**

— Quisiera cambiarme a una mejor universidad.
**I would like to transfer to a better university.**

— Se graduó en Harvard.
**She is a Harvard graduate.**

— Entrará a la facultad de medicina después de que se gradúe.
**He'll be going into medical school after his graduation.**

— Hice un posgrado de un año en lingüística.
**I did one year of post-graduate work in linguistics.**

---

● LOS CAMPUS QUE DEBE VISITAR

En Estados Unidos existen miles de universidades de todos tipos y tamaños. Entre las más prestigiosas y que pueden resultar más interesantes para el turista, por el ambiente del campus y su arquitectura, están:

**Columbia**, en Manhattan, al norte del Central Park.

**Harvard**, en Cambridge, al lado de Boston (fundada en 1636; posee la biblioteca privada más importante del mundo; campus muy impresionante).

**Yale**, en New Haven, Connecticut (una sorprendente arquitectura neogótica al lado de lo moderno espectacular).

**University of California at Berkeley**, en Berkeley, al lado de San Francisco (alrededor de 40,000 estudiantes; uno de los puntos más importantes del radicalismo estudiantil de los años sesenta).

**Stanford**, en Palo alto, al sur de San Francisco (arquitectura de estilo español y palmeras, la más joven de las grandes universidades estadounidenses).

Por su inmensidad, el territorio norteamericano ofrece al turista una gran diversidad de climas. Intentaremos presentar un resumen a grandes rasgos:

● LA COSTA ATLÁNTICA

Su clima se caracteriza por fuertes variaciones de temperatura e importantes precipitaciones:

— En el norte: *inviernos* (winter) fríos, *veranos* (summer) calurosos y *húmedos* (muggy). Fuertes precipitaciones.

— En el sur: inviernos más *templados* (mild), veranos *calurosos* (hot), húmedos y *lluviosos* (rainy). Cuanto más se acerca uno al sur, estas características se acentúan hasta llegar a un clima subtropical en Florida, donde puede haber *tifones* (typhoon) y *huracanes* (hurricane).

● LA GRAN PLANICIE CENTRAL

Posee un clima continental caracterizado por inviernos muy *severos* (harsh) y veranos de calor *húmedo* (humid). Una vez más existen grandes diferencias entre el *norte* (north) y el *sur* (south), los inviernos son más largos en la región de los lagos, las *temperaturas* (temperatures) se vuelven subtropicales en el sur y el clima es muy *árido* (dry) en el suroeste.

● LAS ALTIPLANICIES DEL OESTE

Por su carácter continental y su altitud, el clima de esta región es riguroso y seco. Por supuesto, hay varios matices del norte al sur. El norte es más *frío* (cold) y húmedo, el suroeste es más árido e incluso *desértico* (barren).

En el valle californiano, el hombre ha sabido aprovechar las condiciones óptimas que proporciona el sol para transformarlo, a través de la irrigación, en un gigantesco vergel.

● LA COSTA DEL PACÍFICO

Su clima se caracteriza por fuertes precipitaciones, *nieve* (snow), *lluvia* (rain) y *neblina* (fog). Hay neblina en toda la costa oeste, pero sobre todo en el norte. Las temperaturas se vuelven menos extremosas hacia el sur.

En vista de tales generalidades, sólo podemos recomendarle que vaya a Estados Unidos en *otoño* (fall), el periodo más benigno del año para aquellos a quienes no les agradan los inviernos rigurosos, ni el calor húmedo del verano. Sin embargo, conviene que sepa que en Estados Unidos, cada estación puede revestir un interés turístico propio; basta con tenerlo en cuenta al hacer sus planes.

---

LAS ESTACIONES (the seasons)
primavera: **spring** - verano: **summer** - otoño: **fall, autumn** -
invierno: **winter**
LOS PUNTOS CARDINALES (cardinal points)
norte: **north** - sur: **south** - este: **east** - oeste: **west**

---

— ¿Qué nos espera para mañana según el meteorólogo?
**What does the weatherman have to say for tomorrow?**

— El pronóstico es que habrá cielo despejado y soleado.
**The forecast is for clear skies and sunny weather.**

— La temperatura máxima para el día de hoy debe ser de alrededor de 80 grados (Farenheit).
**Today's high should be in the 80s.**

— Éste es el pronóstico del tiempo para el próximo fin de semana.
**Here is the weather forecast for the coming week-end.**

— El índice de humedad será muy elevado (bajo) durante el fin de semana.
**The humidity rate will be very high (low) over the week-end.**

— Esperamos un tiempo muy soleado.
**We're expecting a lot of sunshine.**

— Este tiempo no es normal en esta estación.
**This weather is out of season.**

— Hay alerta de tornado en toda la parte este del estado.
**There is a tornado warning for the whole eastern part of the state.**

| | | | |
|---|---|---|---|
| aguacero | shower, downpour | nieve | snow |
| aguanieve | sleet | nube/nublado | cloud/cloudy |
| brumoso | hazy | nublado | overcast |
| calor | heat | pronóstico del | |
| caluroso/muy | | tiempo | weather forecast |
| caluroso | warm/hot | rayo | lightning |
| cielo | sky | seco/sequía | dry/drought |
| despejado | | sol/soleado | sun/sunny |
| (cielo) | clear (skies) | temperatura | temperature |
| fresco | cool | tempestad | storm |
| frío | cold | templado | mild |
| granizo | hail | tener calor/frío | to be hot/cold |
| húmedo | muggy, humid | tiempo | weather |
| huracán | hurricane | tormenta | thunderstorm |
| inundación | flooding | tornado | tornado, twister |
| llovizna | drizzle | trueno | thunderclap |
| lluvia/lluvioso | rain/rainy | viento/con viento | wind/windy |

| | |
|---|---|
| ¿A qué hora? | (At) what time? |
| A usted/De nada | You're welcome |
| Busco... | I'm looking for... |
| ¿Cómo?/¿Cuándo? | How? [hau]/When? [wen] |
| ¿Cuánto es...? | How much is...? |
| Demasiado grande | Too big |
| Disculpe | Excuse me |
| ¿Dónde está...? | Where is...? |
| El más grande/pequeño | Biggest/Smallest |
| ¿En qué dirección? | In which direction? |
| Encantado | Nice to meet you |
| ¿Es necesario...? | Is it necessary...? |
| Estoy de prisa | I'm in a hurry |
| Gracias | Thank you |
| ¿Habla español? | Do you speak Spanish? |
| Hay un error | There is a mistake |
| Lo siento | I'm sorry |
| Más/Menos | More/less |
| Más despacio | More slowly/Slower |
| Más grande/pequeño | Bigger/Smaller |
| Me gustaría... | I'd like... |
| Me llamo... | My name is... |
| Me siento mal | I don't feel well |
| Menos caro | Less expensive |
| Necesito... | I need... |
| No entiendo | I don't understand |
| No quiero | I don't want |
| No sé | I don't know |
| No tengo... | I don't have... |
| Olvidé | I forgot |
| Perdí... | I lost... |
| Pierda cuidado | It's not important |
| ¿Podría ayudarme? | Can you help me? |
| ¿Podría repetir? | Can you repeat? |
| Por favor | Please |
| ¿Qué?/¿Por qué? | What? [wuªt]/Why? [wai] |
| ¿Queda lejos? | Is it far? |
| ¿Quién?/¿Cuál? | Who? [hu]/Which? [uich] |
| ¿Sabe si...? | Do you know if...? |
| Soy extranjero | I am a foreigner |
| Suficiente/Demasiado | Enough/Too much |
| ¿Tiene usted...? | Do you have...? |

# C

**COMPRENSIÓN**/UNDERSTANDING

● EL NORESTE (The North-East: MAINE, VERMONT, NEW HAMPSHIRE, MASSACHUSETTS, RHODE ISLAND, CONNECTI-CUT, NEW YORK, NEW JERSEY, DELAWARE, MARYLAND, WEST VIRGINIA, DISTRICT OF COLUMBIA, PENNSYLVANIA, OHIO, MICHIGAN)

Es el *crisol* (**melting pot**) del país, el sitio donde se erigió la primera nación del mundo, en torno a la *Nueva Inglaterra* (**New England**). El acento de sus pobladores es el más parecido al británico. Ahí se encuentran las ciudades de mayor importancia y antigüedad, con un *legado del pasado* (**a heritage from the past**), así como puertos, universidades de gran prestigio —las más antiguas agrupadas en la célebre **Ivy League**—; ricos museos; orquestas y grupos de ópera famosos; una industria pujante; la *Bolsa de Nueva York* (**NYSE: New York Stock Exchange**), que rige las finanzas internacionales, etc. La naturaleza jamás está ausente del panorama: las colinas de Vermont, los *Montes Apalaches* (**Appalachian Mountains**) y los *Grandes Lagos* (**Great Lakes**). La agricultura continúa siendo muy importante. Hay una gran diversidad de actividades y paisajes que encantarán al turista.

● LA PLANICIE CENTRAL (**The Central Basin**: OHIO; INDIANA; ILLINOIS; WISCONSIN; MINNESOTA; IOWA; parte de NORTH DAKOTA, de SOUTH DAKOTA, de NEBRASKA, de MISSOURI, de KANSAS, de OKLAHOMA y una pequeña parte de TEXAS)

En esta región el periodo glacial no encontró suelos resistentes y, en consecuencia, dejó aluviones que hicieron de esta planicie un terreno propicio para la explotación agrícola, mediante la construcción de un sistema de *avenamiento* (**water drainage**). En el corazón de esta región se halla el **corn belt** (lit.: *cinturón de maíz*). Dos de cada tres campesinos se dedican al cultivo del maíz, planta americana por excelencia, que abarca tres hectáreas de cada cuatro, con una mecanización formidable y rendimientos enormes. El maíz se utiliza menos para la alimentación humana que para la de animales (**animal feed**), por lo que se encuentra en la base de un sistema de cría intensiva.

La zona cuenta con ciudades pequeñas y medianas y pueblos. Hay industria en el sur, especialmente refinerías de petróleo en Oklahoma y Texas. El río Missouri, que atraviesa toda la parte oeste de la región, desciende de las Rocosas y tiene crecidas (**flood**) terribles, en las que su violento y cenagoso caudal arrastra todo lo que encuentra a su paso, lo que provoca la erosión de los suelos. Los campesinos dicen que las aguas de este río son *demasiado delgadas para el riego y de-*

*masiado gruesas para beber* (too thin to plow and too thick to drink). Gracias a un importante proyecto de acondicionamiento, se han creado cien lagos a lo largo de los 3,200 km de recorrido del río a fin de hacerlo un poco menos devastador.

● LOS GRANDES LLANOS (**The Great Plains**: parte de NORTH DAKOTA, de SOUTH DAKOTA, de NEBRASKA, de KANSAS, de NEW MEXICO, de COLORADO, de WYOMING y de MONTANA)

Esta región central, que se extiende desde el norte (frontera con Canadá) hasta los confines de las fronteras con México, tiene un carácter esencialmente rural y limita al noroeste con las *Montañas Rocosas* (**Rocky Mountains**). Se trata de una inmensa planicie donde se cosechan mares de cereales. Aquí se establecieron los **homesteaders**, la gente que partió hacia el oeste para beneficiarse del otorgamiento de 64 hectáreas por parte del gobierno. También es el reino del **cow-boy**, el principal mito estadounidense. La naturaleza aún es virgen en muchos sitios, pero el trabajo del hombre, en la actualidad sumamente mecanizado, ha transformado el paisaje. Es el *"Estados Unidos profundo"* (**middle America**), tan apreciado por los políticos y los anuncios publicitarios.

● MONTAÑAS Y DESIERTOS (**Mountains and deserts**: parte de MONTANA, de WYOMING, de COLORADO, de NEW MEXICO, de TEXAS; ARIZONA; CALIFORNIA; UTAH; IDAHO; OREGON; WASHINGTON; NEVADA)

Otra región inmensa, formada por montañas muy elevadas y abruptas y desiertos hostiles ricos en fauna silvestre. Los exploradores y colonos se apresuraban a atravesar esta zona para llegar más allá. La naturaleza se ha conservado virgen y el gobierno ha creado numerosos parques nacionales con objeto de preservarla: **Yellowstone**, el primer **National Park**, data de 1872 y todos los años 180 millones de visitantes frecuentan este recinto de la naturaleza. Ciertas áreas de los desiertos han adquirido vida gracias a una gran cantidad de imponentes *diques* (**dam**) que "adornan" Colorado, Arizona, Rio Grande (o Bravo), Columbia y el Salmon River. En las montañas hay minas de *plata* (**silver**), *cobre* (**copper**), *plomo* (**lead**) y *estaño* (**tin**) en particular, en ocasiones a cielo abierto. Numerosas reservas indias se concentran en las zonas desérticas, a ambos lados del **Grand Canyon**, Colorado. Al norte se localizan los estados de Washington, Oregon, Montana e Idaho, sitios más húmedos y sin embargo no muy poblados.

● VALLES DE LA COSTA OESTE (West Coast Valleys: WASHINGTON, OREGON, CALIFORNIA)

*El fin del camino* (**the end of the trail**) para quienes partieron hacia el oeste en busca de fortuna... o de su sobrevivencia. Encontraron espacio, tierras fértiles y asentamientos, pequeñas ciudades construidas por viajeros que llegaron por mar, del sur o incluso del este, o por misioneros procedentes de México, lo que explica la fuerte influencia hispana de los nombres de las ciudades. Efectivamente, desde el siglo XVII padres españoles fundaron **missions** en la costa, aclimataron varios productos y adaptaron técnicas de Europa, en primer lugar el vino, indispensable para la celebración de la misa.

Hoy en día, la *costa del Pacífico* (**Pacific coast**) está poblada de ciudades: una de ellas, Los Ángeles, con sus *suburbios* (**suburbs**) interminables y sus ocho millones de habitantes, es la segunda *concentración urbana* (**conurbation**) del país. Se considera a esta región como una de las más activas del país, no sólo por sus industrias de punta (aviación, electrónica, informática), sino también por su industria del entretenimiento: por ejemplo, los *parques recreativos* (**recreational parks**) de **Marineland** y **Disneyland**, este último muy cerca de los estudios donde nació Mickey Mouse en 1928.

El clima excepcional de esta región, que favoreció el desarrollo del cine en Hollywood, también dio impulso a una agricultura floreciente y muy intensiva. Al norte, se encuentran los viñedos de Napa Valley y más allá, los bosques de Oregon y Washington, que proporcionan otras materias primas. Hace largo tiempo que se agotó el oro, pero quedan algunos *pueblos fantasma* (**ghost town**) más o menos auténticos que todavía reciben visitantes.

# 20 LAS REGIONES Y SU HISTORIA

● EL SURESTE (The South-East: VIRGINIA; NORTH CAROLINA; SOUTH CAROLINA; TENNESSEE; parte de KENTUCKY, de MISSOURI, de OKLAHOMA, de TEXAS; ARKANSAS; LOUISIANA; MISSISSIPPI; ALABAMA; GEORGIA; FLORIDA)

Tierra de contrastes, esta región es una de las que ha evolucionado con mayor rapidez. Goza de un clima *templado* (**mild**) tanto en el interior como en las costas y además posee *paisajes* (**landscape**) espléndidos o grandiosos, como el valle del Mississippi y sus *afluentes* (**tributaries**). También cuenta con riquezas naturales (minas en las colinas del norte, petróleo en Texas y en la desembocadura del río, cultivos en las planicies, árboles frutales en Florida). No obstante, una de sus limitaciones reside en la pobreza de los pequeños agricultores, que aún en la actualidad suelen ser trabajadores y no dueños de las tierras que cultivan. Además, desde que terminó la Segunda Guerra Mundial, un vigoroso crecimiento económico, basado en el *petróleo* (**oil, petroleum**) y sus derivados industriales, ha transformado el **sunbelt** *("cinturón del sol")* en una zona en auge en el área de la *alta tecnología* (**high tech**) y la *investigación* (**research**), a tal punto que somos testigos de una seria competencia por las posiciones que han ganado las costas este y oeste.

Desde el punto de vista turístico, la región del Sureste es de una variedad incomparable con sus plantaciones del sur y sus majestuosas corrientes de agua —además del Mississippi, está el Tennessee, antaño muy violento y ahora controlado por la TVA (**Tennessee Valley Authority**), que regula las crecidas—. Las costas del Atlántico y el Golfo de México, las colinas y las montañas del norte cada vez atraen a más turistas. Por sí solo, Disneyworld tiene una considerable afluencia de visitantes; por su parte, los **Everglades**, el bayou, Nueva Orleáns, los barcos del nacimiento del Mississippi, el **jazz**, la música **cajun** de Louisiana, el **rock** de Memphis, el **blue grass** o el **country** de Tennessee y Kentucky, atraen a millones de aficionados provenientes del mundo entero. Una decena de ciudades sobrepasan el millón de habitantes y la población global de la región no cesa de aumentar.

● EL DESCUBRIMIENTO DEL NUEVO MUNDO (discovery of the New World)

Se ha comprobado que Cristóbal Colón, quien llegó a Bahamas el 12 de octubre de 1492, no fue el primer europeo en pisar el suelo del Nuevo Mundo. No obstante, su hazaña se celebra cada año (**Columbus Day**, el segundo lunes de octubre).

De 1492 a 1620, la *costa oriental* (**Eastern Seaboard**) se explora de norte a sur y aventureros llegados de todas partes de Europa crean establecimientos *comerciales* (**trading posts**); los nuevos pobladores provienen principalmente de una media docena de naciones: Inglaterra, Francia, España, Holanda, Suecia, Italia, Portugal... La riqueza del país y sus posibilidades atraen a un número cada vez mayor de colonos (**colonists** o **settlers**), quienes huyen de la miseria o las persecuciones y no dudan en enfrentarse a múltiples peligros; su valor perdura hasta nuestros días en el *"espíritu pionero"* estadounidense (**pioneer spirit**).

A finales del siglo XVII, emigrantes originarios de Gran Bretaña fundan las primeras colonias (**settlements, colonies**) en el este. Los Padres Peregrinos (**Pilgrim Fathers**), que vinieron a bordo del Mayflower en 1620, siembran en Plymouth (Massachusetts) la semilla de la Nueva Inglaterra.

● LA COLONIZACIÓN

Durante 175 años, América del Norte habrá de ser objeto de luchas sin cuartel entre las potencias europeas, quienes se disputan la supremacía en estos inmensos territorios vírgenes de una riqueza fabulosa. Inglaterra y Francia pelean sobre todo en el este y el norte y dejan que España se extienda en el sur y el oeste a partir de sus posesiones en México. Si bien Inglaterra vence finalmente, debemos recordar que la mayoría de los emigrantes que se establecen bajo la protección de sus ejércitos no tienen ninguna razón para morir por su país de origen, de donde habían salido empujados por el infortunio, el sufrimiento y las persecuciones religiosas.

● LA INDEPENDENCIA

En este contexto, las diversas vejaciones que Inglaterra hará padecer a su colonia americana harán que comience a gestarse una rebelión. El 4 de julio de 1776, fecha convertida en fiesta nacional (**Independence Day**), se proclama la independencia después de una larga guerra durante la cual Francia no dejó de brindar su ayuda contra los ingleses, sus enemigos ancestrales. En 1789, termina la redacción de la Constitución estadounidense, inspirada en el liberalismo europeo y más adelante modelo seguido por los franceses. En la actualidad, en esencia sigue rigiendo la constitución original.

● LA NUEVA CONQUISTA

Una vez lograda su independencia, la joven nación inicia la conquista de su territorio, primero por simple y llana integración, y después mediante adquisición de territorios y combates armados. Hacia 1800, América del Norte se divide en cuatro partes más o menos iguales: al norte, Canadá, perteneciente a Inglaterra; al este, Estados Unidos; y la mitad oeste, compartida por Francia y España. En 1803 se compran las posesiones francesas, llamadas "Territorios de Luisiana", que cubrían un tercio de la superficie actual de Estados Unidos, del Golfo de México a Canadá. El oeste se conquista entre 1845 y 1850, mediante anexiones y una guerra contra España. En 1959, cuando Alaska y Hawaii se integran al país, la bandera estadounidense presentará 50 estrellas, que simbolizan igual número de estados. Poco a poco los territorios se abren a la colonización, de conformidad con la ley de explotación rural (**Homestead Act**) de 1862, que otorgaba 64 hectáreas de tierra a los agricultores que las trabajaran. La *fiebre por la tierra* (**land rush**) se duplica con la *fiebre del oro* (**gold rush**): en California en 1848-1849, en Colorado en 1858, en Montana y Wyoming en la década de 1860. Nuevas ciudades marcan el camino de este recorrido de este a oeste y la industrialización se acelera durante todo el siglo XIX. *El espíritu de la frontera* (**frontier spirit**) es la fuerza que ha impulsado a los estadounidenses a no detenerse jamás en su camino ni conformarse con lo que tenían si un espacio más vasto y prometedor se extendía ante ellos.

● LA GUERRA DE SECESIÓN Y SUS SECUELAS

Las luchas incesantes y los peligros de la conquista del oeste no se interrumpen con la Guerra de Secesión (**Civil War**), de 1861 a 1865, que creará una escisión profunda, casi indeleble, entre el Norte y el Sur. El origen del problema fue la esclavitud (**slavery**), por razones tanto políticas como económicas. Los *Estados Confederados* (**Confederate States**) del Sur finalmente serán derrotados y se *abolirá* (**abolish**) la esclavitud. El norte seguirá su marcha hacia una industrialización triunfante, pero la violencia original marcará para siempre las relaciones entre el norte y el sur.

# 21 LA CIUDAD (cities and towns)

La gran mayoría de estadounidenses llevan una vida urbana. Desde hace mucho tiempo, la población se concentra en las ciudades, pequeñas, medianas y sobre todo en las grandes. El grueso del éxodo rural y la llegada masiva de pobladores a las ciudades tuvieron lugar principalmente en el periodo entre las dos guerras mundiales.

● LAS CIUDADES PEQUEÑAS (towns)

La ciudad pequeña, sede de un condado (county), constituye el símbolo más significativo del "American way of life". Los mismos estadounidenses idealizan este modo de vida típico.

Sirvió, y aún sirve, de inspiración para numerosas obras literarias, cinematográficas y televisivas. Es el lugar predilecto de la *clase media* (middle class). Formar parte de la media es una satisfacción para la mayoría de la gente.

Estas pequeñas ciudades bien organizadas, donde todo el mundo se conoce, cuentan con todos los servicios necesarios para la comunidad. Es el Estados Unidos profundo y tradicional con la iglesia, el banco, el *periódico local* (local paper), el hotel, los restaurantes bar, las tiendas, el correo, la estación del tren, el ayuntamiento, casi todos ubicados en la **Main Street**, como en los westerns.

En una misma región, la estructura y la arquitectura de los *edificios* (building) no difiere mucho de una ciudad a otra. En comparación con los criterios europeos, podría calificarse de "pomposo" el estilo que caracteriza, por ejemplo, el frontón de las iglesias, las oficinas de correo, los bancos... La *alcaldía* (City Hall) suele ser una pálida réplica del *Capitolio* (Capitol) de Washington D.C., con sus *columnas* (column) griegas y su cúpula que evocan el decorado de un teatro.

● MIGRACIÓN A LA PERIFERIA DE LAS CIUDADES

Actualmente, los habitantes de las *ciudades* (cities) más importantes, repartidas en todo el territorio del país, están mudándose a los *suburbios* (suburbs) inmediatos, pues consideran que sus casas, construidas hace cincuenta años o más, son *vetustas* (run down) e inadecuadas para la vida moderna.

Para remplazar estas ciudades, cerca de ellas se están erigiendo ciudades completamente nuevas equipadas de modo muy funcional, provistas de *centros comerciales* (malls) y *estacionamientos* (parking lots) espaciosos. Estas nuevas ciudades tienden a florecer y hacer que se vacíe el *interior de las ciudades* (inner city), cada vez más degradado.

# 21 LA CIUDAD (cities and towns)

Estados Unidos posee un territorio tan extenso que en muchas ocasiones se prefiere abandonar un sitio para reconstruir **(to rebuild)** en otra parte y no emprender costosos trabajos de remodelación o reparación.

De acuerdo con la tradición, la vida social debe repartirse en zonas con funciones múltiples. Sin embargo, la reforma sobre el acondicionamiento de comunidades incita a los municipios a crear zonas con una sola función. En este esquema, el *centro* **(downtown)** se destina a los *negocios* **(business)** y *oficinas* **(office)**, en tanto que las *viviendas* **(residence)** se ubican en la periferia y las actividades industriales se alejan lo más posible.

● LAS GRANDES CIUDADES (cities)

A los europeos, muchos de ellos acostumbrados a los centros urbanos con barrios *pintorescos* **(picturesque)** y al encanto histórico, puede resultarles difícil distinguir muchas de las grandes ciudades de Estados Unidos, a tal punto son parecidos los *rascacielos* **(skyscraper)**, las calles cortadas en *ángulo recto* **(right angles)**, los taxis, los centros comerciales, etc. Salvo algunos monumentos característicos (como la Estatua de la Libertad de Nueva York) y ciertos sitios naturales (montañas, mar, lagos, ríos, desiertos...), un visitante distraído fácilmente puede confundir una ciudad con otra, a menos que ya haya pasado cierto tiempo en ellas.

No obstante, algunas ciudades muy representativas, *famosas* **(famous)** en el mundo entero, escapan de esta aparente uniformidad urbana: Boston, la más europea de las ciudades estadounidenses; Washington, la capital de las grandes avenidas bordeadas de árboles y los monumentos grandiosos; Nueva York y la isla de Manhattan, erizada de rascacielos; San Francisco, con sus encantadoras *colinas* **(hill)** y su gigantesco puente colgante, el **Golden Gate Bridge**; Nueva Orleáns y su barrio francés.

● EL CENTRO DE LA CIUDAD

La administración del centro de las ciudades muy grandes plantea un número cada vez mayor de problemas. Las *oficinas principales* **(company headquarters)** de importantes compañías y los *contribuyentes* **(taxpayer)** ricos los están abandonando progresivamente (salvo en Nueva York y San Francisco) para establecerse en la periferia.

Esto hace que las arcas del municipio se vacíen cada vez más y se presentan problemas graves en materia de *mantenimiento* **(upkeep)** de las vías públicas, *seguridad* **(safety)**, etc.

Numerosos edificios se *derruyen* (**to tear down**) y luego se *reconstruyen* (**rebuilt**). En muchas ocasiones, una vez terminada la reconstrucción los dueños se dan cuenta de que están rodeados por muchos otros edificios más altos. Chicago, por ejemplo, o el sur de Manhattan han sido totalmente transformados en los últimos veinte años.

Pero cualesquiera que sean los esfuerzos realizados, sería un gran error pensar que puede frenarse el movimiento centrífugo actual, que provoca el abandono progresivo de los centros y desalienta a los habitantes de clase acomodada y a los comerciantes inquietos de seguir residiendo ahí.

## ● EL AMBIENTE DEL ''DOWNTOWN''

A ello se debe que los extranjeros se sientan sorprendidos o decepcionados por no siempre encontrar en las noches, en el corazón de las grandes ciudades, el ambiente que por lo general reina en otros países.

Cuando llega la noche, el centro de las ciudades —sobre todo el barrio de negocios, pese a algunos bares y *tiendas misceláneas* (**convenience stores**) abiertas las 24 horas— con frecuencia carece de calor humano, distracciones apacibles, oportunidades de *pasear por las calles* (**to stroll**) y encontrar habitantes sentados en la *terraza* (**terrace**) de los cafés. Por supuesto, hay varias excepciones: los barrios de ciudades como San Francisco, Los Ángeles, Washington, Boston, Nueva York... ofrecen múltiples diversiones nocturnas. Alrededor de ciertos campus universitarios, integrados a algunas ciudades grandes, puede encontrarse un *ambiente* (**atmosphere**) muy agradable e informal.

Con excepción de algunas ciudades, normalmente se encuentran en la periferia algunos conjuntos con lugares de esparcimiento que ofrecen múltiples posibilidades para pasar un velada más bien tranquila: *cines* (**movie theater**), restaurantes, teatros... y centros comerciales que permanecen *abiertos por la noche* (''**open nights**'') ciertos días de la semana.

Sin embargo, en el centro de las ciudades grandes está la mayor parte de los monumentos de interés turístico, *museos* (**museums**), *salas de exposición* (**exhibition halls**), *bibliotecas* (**libraries**), *conservatorios* (**music schools**), el *ayuntamiento* (**City Hall**), parques, *jardines públicos* (**public park**), y *tiendas de departamentos* (**department stores**). Durante el día, los turistas encontrarán ahí una gran cantidad de sitios interesantes y una *animación* (**bustle**) propicia para movilizarse y hacer agradables descubrimientos.

● EL AUTOMÓVIL Y LOS TRANSPORTES

Salvo en los centros de las ciudades, las distancias son tan grandes que es raro que uno pueda pasear mucho tiempo a *pie* (**on foot**) por las calles. Los extranjeros se dan cuenta muy pronto del siguiente hecho: en Estados Unidos la vida se concibe principalmente en función del automóvil. Sin un vehículo particular, es muy fácil encontrarse desamparado, pues el *transporte público* (**public transportation**) tiene distintos niveles de desarrollo según la ciudad. Casi todas las ciudades importantes cuentan con autobuses, a los que sólo hay que *hacerle parada* (**to hail, to flag**), y en las ciudades más grandes hay *metro* (**subway**) y *trenes suburbanos* (**commuter lines**), normalmente *atestados* (**crowded**) en las *horas pico* (**rush hour**).

Todavía es posible circular en automóvil en el centro de las ciudades. Por lo general, las calles nunca están demasiado llenas, incluso si rebosan de taxis. Por la mañana y al final de la tarde, a la salida de las oficinas, se producen *embotellamientos* (**jam**) sobre todo en los *periféricos* (**beltway, ring**). Es el momento en que salen a la calle los *empleados* (**employee**) que viven en los *suburbios* (**suburb**).

Si no encuentra un *parquímetro* (**parking-meter**), el principal problema para un automovilista de paso es hallar un lugar para estacionarse cerca de su destino. Aunque los estacionamientos pueden ser *caros* (**expensive**), son menos costosos que las *multas* (**fine**) por estacionarse en un lugar prohibido, las cuales pueden llegar a ser estratosféricas si por desgracia *una grúa se lleva su auto* (**to be towed-away**).

En las calles del centro, hay una gran cantidad de *taxis* (**taxi** o **cab**). Circulan día y noche, y puede identificarlos por su color particular: amarillo en algunos lados, multicolor en otros, según la *compañía* (**cab company**). Es un medio de transporte práctico y confiable.

● EN LA CALLE (on the street)

La calle pertenece a todos, es un espacio de libertad. Uno puede vestirse de cualquier forma, siempre y cuando no trasgreda las leyes del pudor. En Estados Unidos, la calle se vive como un lugar *"neutro"* (**neutral**) en el que no se teme a la mirada de los demás. No se sorprenda, empero, si en los barrios residenciales le sonríen o, al contrario, se le queden mirando. Cuando están en su *barrio* (**neighborhood**), los estadounidenses se sienten como en casa: pueden mostrarse hospitalarios o, si consideran que usted parece un *ladrón* (**thief**), desconfiados.

● LA URBANIZACIÓN (city planning)

Varias influencias tienen que ver en la urbanización, la cual no está sometida a reglamentaciones administrativas tan estrictas como las europeas, si bien existen leyes locales. Principalmente, la urbanización es el resultado de negociaciones permanentes entre varias partes de intereses a menudo divergentes: los municipios, más o menos exigentes o interesados; los lobbies y los comerciantes, que buscan rendimientos óptimos; los defensores de la naturaleza y otras agrupaciones de *residentes* (**residents**) más o menos influyentes en la política, que procuran la protección del medio ambiente. Las reglamentaciones sobre la *"ubicación"* (**zoning**) de los barrios relegan a la industria ligera a un sector y destinan otros sectores a los comerciantes y residentes.

Desde hace tiempo, en algunas grandes ciudades, se realizan esfuerzos por remodelar los centros, mediante la construcción de monumentos y edificios nuevos que se consideran "grandes proyectos" de movilización de la energía del municipio.

Puede haber barrios renovados al lado de otros miserables, lo que produce una sensación de malestar debido al contraste de la *opulencia* (**affluence**) de algunas zonas y la insalubridad evidente que se padece en los *barrios bajos* (**slums**). La urbanización evoluciona con relativa rapidez, a tal punto que en ocasiones modifica por completo el ambiente de *ciertas zonas* ("**parts of town**").

● LA INSEGURIDAD

Algunas zonas miserables, casi abandonadas por sus antiguos habitantes, ofrecen un triste escenario de calles *arruinadas* (**dilapidated**), cuyo asfalto está lleno de *baches* (**pot holes**), bordeadas por *edificios* (**buildings**) sucios y deteriorados e insalubres *lotes baldíos* (**vacant lots**). En estos barrios con frecuencia coexisten varios *desposeídos* (**homeless**), *squatters*, *drogadictos* (**drug addicts**), *alcohólicos* (**winos**), *pandillas* (**gangs**)...

Puede tener encuentros muy desagradables en estos sitios, así que más vale andar con precaución si se aventura a pasar por ahí o decide pernoctar en un hotel cercano. En la mayoría de las ciudades, es difícil llegar por casualidad a estos barrios o zonas. De cualquier forma, antes de salir a pasear pregunte cuáles son los *barrios peligrosos* ("**unsafe neighborhood**" o "**dangerous parts of town**").

● HOME, SWEET HOME

Para un estadounidense de clase *media* (**middle class**), ser *propietario de una casa* (**home owner**) constituye un objetivo motivador y valioso. Vivir en una *casa propia* (**private home**), con la familia, ubicada en un *suburbio* (**suburb**) agradable y estar rodeado de *vecinos* (**neighbor**) simpáticos representa una especie de ideal.

En el pasado reciente, a fin de evitar el barullo del *centro de las ciudades* (**city center**) y el aumento de precio de los inmuebles, mucha gente partió a instalarse en los *suburbios* (**suburbs**). Al trasladar las "ciudades al campo", fue necesario erigir infraestructuras adecuadas y *centros comerciales* (**shopping mall**) para responder a las necesidades de los nuevos *residentes* (**resident**).

Esto se llevó a cabo de manera tan eficiente que en las costas este y oeste, por ejemplo, a veces es difícil saber en qué punto termina el suburbio de una ciudad y comienza el de otra.

En los suburbios se ven casas bastante parecidas, muy estereotipadas en cuanto a su apariencia exterior y su decoración interior. Hay varios estilos que se reparten el mercado, según la región predomina uno u otro.

La casa estilo *"Nueva Inglaterra"* (**New England**) presenta una *fachada* (**facade**) de *madera pintada* (**painted wood**) y con una *columna* (**column**) que adorna la *entrada* (**entrance**). Tiene *ventanas de guillotina* (**sash windows**).

La casa tipo **"Ranch House"** consta de *un solo piso* (**on one floor**). Carece de niveles y de *escalera* (**staircaise**) interior. Puede ser muy larga y ocupar una considerable cantidad de superficie. La de tipo **Colonial** incluye un porche sostenido por columnas.

Con frecuencia las casas están rodeadas de *césped* (**lawn**), y el límite entre una y otra no está bien definido. Como la tradición señala que entre vecinos debe reinar la confianza y frecuentarse de vez en cuando (para conversar un poco o compartir una **"barbecue"**), es muy mal visto que se levanten cercas muy altas.

● ORGANIZACIÓN DE LA CASA

La distribución de las *habitaciones* (**rooms**) responde a consideraciones de tipo práctico. La *cochera* (**garage**), con espacio para doś *autos* (**car**), está al lado de la puerta de la *cocina* (**kitchen**), de manera que puedan descargarse con mayor facilidad las bolsas con las compras del supermercado.

La habitación más accesible y cálida suele ser la cocina, a menudo de estilo *"rústico"* (**"country"**). Si es lo bastante espaciosa, por la mañana puede hacerse ahí el *desayuno* (**breakfast**) en familia y en las noches y los fines de semana, las *comidas* (**meal**). Está equipada con todos los **gadgets** necesarios para ayudar en las labores domésticas y la preparación de los alimentos.

En las casas de construcción reciente, todo está integrado: *estufa* (**stove**) eléctrica con campana, *horno de microondas* (**microwave oven**), *lavaplatos* (**dishwasher**), *estantes* (**cupboards**), *fregadero* (**sink**), *refrigerador* (**refrigerator**) con surtidor de cubos de hielo, etc. También pueden estar equipadas para hacer ahí las comidas: bancos de madera y algunas *sillas* (**chair**) de cocina alrededor de una *mesa* (**table**), o una especie de *barra con asientos* (**stool**) para los comensales.

En cambio, no es tan fácil instalarse en la *sala* (**living-room**). En algunas casas es una actitud poco ceremoniosa, pues esta habitación se reserva para las grandes ocasiones. En general, está provista de una mesa baja y un *sofá* (**sofa** o **couch**) largo y cómodo frente a una *chimenea* (**fire place**). Con frecuencia hay una habitación para reunirse de diario: **el den** o **family room** o **el TV room**, generalmente amueblada con un sofá frente al aparato de televisión donde todos se amontonan para ver sus programas favoritos, transformándose en *"papas de sofá"* (**"couch potato"**).

Asimismo, muchas veces las casas poseen grandes ventanales que dan a la calle. No se acostumbra correr las *cortinas* (**curtains**) y los habitantes de la casa viven en paz sin preocuparse de ser observados. No es raro que el jefe de familia disponga de un espacio propio donde puede guardar, alrededor de un cómodo *sillón* (**armchair**) algo usado, sus objetos personales (bat de beisbol, raquetas, banderines, trofeos, copas, etc.).

La terraza de la *entrada* (**front porch**) de las casas de estilo colonial tiene una función comparable a la del **den**. Por las tardes, puede descansar ahí a sus anchas, sentado en una *mecedora* (**rocking chair**) disfrutando de un **drink**, una cerveza o un **cocktail**, y echándole un vistazo a los *niños* (**the kids**), que juegan en la calle.

# 22 LA CASA (the home)

Los *sanitarios* (toilette) no están separados del *baño* (bathroom). No se pregunta dónde está el sanitario, sino dónde está el *baño* (where is the bathroom?). En la mayoría de las casas actuales, hay cuando menos dos baños.

El *sótano* (basement) es el sitio que se reserva por tradición para *lavar* (to wash) la ropa.

Los *dormitorios* (bedrooms) normalmente están alfombrados (wall-to-wall carpeting). Rara vez se ven *pisos de madera* (hardwood floor), más costosos y menos tradicionales. El *dormitorio principal* (master bedroom) casi siempre tiene un baño con entrada directa y a veces un dressing-room.

## ● LA COMODIDAD Y LAS ESTACIONES

La diferencia más significativa entre las casas individuales europeas y sus contrapartes estadounidenses reside en el *aire acondicionado* (air conditioning). En Estados Unidos, más de la mitad de los hogares están equipados con sistemas de aire acondicionado a fin de hacer soportables los veranos, que a veces son sumamente calurosos. Para evitar que los *insectos* (bugs) entren a la casa, todas las ventanas y puertas están cubiertas con *mosquiteros* de malla muy fina (screens), que se retiran en el otoño con objeto de colocar *sobrevidrieras* (storm window) que ayudarán a proteger la casa de las inclemencias del tiempo.

En casi todo el país el invierno es muy riguroso, de manera que la *calefacción* (central heating) es indispensable.

En todo el norte de Estados Unidos, como protección contra los daños que ocasionan las *tormentas de nieve* (snow storm), en todas las casas se tiene una reserva de petróleo y alimentos para dos o tres días.

## ● ELECTRICIDAD, TELÉFONO, RADIO Y TELEVISIÓN

Los estadounidenses suelen ser poco cuidadosos con el uso de energía eléctrica. Sin necesidad, dejan *prendidas* ("on") las luces de todas las habitaciones, por lo que no es difícil darse cuenta de que la electricidad es más barata que en muchos otros países.

Las casas cuentan con varios aparatos de teléfono. Algunos adosados a la pared de la entrada o de la cocina, por ejemplo, y otros por aquí y por allá, según la conveniencia de los habitantes de la casa.

Una de las costumbres de los estadounidenses consiste en llamar, con toda naturalidad, a cualquier lugar del país o incluso del mundo. Desde su punto de vista, para *mantenerse en contacto* (to keep in touch) lo mejor es hablar directamente con las personas y no perder el tiempo en escribir una carta. En cuanto a la televisión, puede estar *encendida* (turned on) todo el

193

tiempo, hasta en habitaciones donde no hay nadie, pues algunas personas tienen aparatos de televisión en todas las habitaciones de su casa para distraerse e informarse sin molestar a los demás.

● LA CASA, UN CAPITAL

Para la mayoría de los estadounidenses, su casa representa una *inversión* (**investment**) de primera importancia. La gente de clase acomodada muestra su posición a través de ella. La gente modesta hace todo lo posible por tener una casa "bonita" y mantenerla en buen estado.

La parte del presupuesto que se destina al hogar a veces es proporcionalmente mayor que en otros países. La *clase media* (**middle class**) gasta menos en *comida* (**food**) y *diversiones* (**leisure activity**) y más en lo que respecta a su casa.

Por otra parte, los estadounidenses sienten menos apego hacia sus viviendas; la casa no es un lugar sagrado. Para muchos, sólo es una morada temporal, un lugar de paso acondicionado de la manera más agradable y cómoda posible.

En ocasiones se guardan demasiados *objetos* (**belongings**) usados o inútiles en las casas. En estos casos, se organizan *ventas en la acera de la casa* (**garage sale**). Todos los objetos tienen una etiqueta con el precio, casi siempre irrisorio, y se invita a los vecinos y peatones a comprar lo que quieran, sin pago de impuestos. Para un extranjero que va a residir algún tiempo en el país es un buen medio para equiparse a un precio módico; si está interesado en estas ventas, en las calles de los *barrios residenciales* (**residential area** o **neighborhood**) busque *carteles* (**poster/sign**) que digan **garage sale** o **apartment sale**.

● LAS CASAS MÓVILES

Un gran número de estadounidenses (alrededor del 10%) viven todo el año en una especie de remolques grandes instalados en terrenos adecuados, a veces en parques sombreados. En teoría, estos remolques están equipados para viajar en carretera, pero muchos están fijos en el suelo y no se mueven muy a menudo. Pueden rentarse el lote y los servicios (agua, electricidad, teléfono, recolección de *basura* (**garbage**), vigilancia, etc.) necesarios. Resulta menos oneroso adquirir una de estas **mobile homes** que una casa normal y además se tienen todas las comodidades. Asimismo, existe la posibilidad de *mudarse* (**to move**) sin grandes problemas a un lote mejor ubicado o con servicios más atractivos.

● LAS BELLAS ARTES

Sin duda alguna, una nación joven como Estados Unidos no tiene el mismo culto que la vieja Europa por el pasado y por la historia. Sin embargo, este país vasto y de reciente origen se esfuerza considerablemente por promover las *bellas artes* (**fine arts**): *arquitectura* (**architecture**), *pintura* (**painting**), *escultura* (**sculpture**), *música* (**music**), *literatura* (**literature**), *danza* (**dance**), *ópera* (**opera**), *teatro* (**theater**), etc.

Pero también es cierto que en vez de un concepto demasiado clásico de la cultura, se prefiere un acercamiento más ecléctico y moderno, en el que se integran lo mismo el **jazz**, la "**folk music**" o la "**country music**" que las *comedias musicales* (**musical comedy**), el cine de Hollywood, las artes decorativas o los *murales* (**mural**).

En la mayor parte de las grandes ciudades, los estadounidenses disponen de teatros, salas de conciertos y museos funcionales y bien organizados. Los neoyorquinos, por ejemplo, cuentan con un número particularmente grande de museos (alrededor de 120).

Por lo general, el precio de la *entrada* (**entrance fee**) no es muy elevado; incluso algunos museos son gratuitos oficialmente (Metropolitan Museum o The Cloisters en Nueva York), pero se espera que los visitantes aporten una *donación* (**donation**) cuyo monto suele estar especificado.

La disposición de las obras en los recintos y su valoración parecen mejor pensadas y manejadas que en Europa. En la medida de lo posible se las presenta en un ambiente que les es propio. De esta forma, la sala egipcia del "Met" (Metropolitan Museum de Nueva York) es la recreación de un mausoleo.

Se trata de permitir que el mayor número de personas no sólo admire, sino también *comprenda* (**to understand**) lo mejor posible el sentido de las *obras de arte* (**work of art**). Los *resúmenes* ("**digests**") constituyen un medio muy concreto para difundir la cultura y el conocimiento de las *obras maestras* (**masterpiece**).

A partir de los años sesenta, aproximadamente, el arte descendió a las calles y por doquier se encuentran muros completos recubiertos de obras pictóricas a veces gigantescas. Estos *murales* (**murals**) se integran al paisaje urbano y constituyen una forma de expresión muy popular.

● LA MÚSICA Y LAS ORQUESTAS

La música es un arte del agrado de muchos estadounidenses, como lo demuestra el monto de las inversiones en esta área.

# 23 | LA CULTURA (cultural activities)

Hay alrededor de una treintena de orquestas filarmónicas de categoría internacional, alrededor de cincuenta orquestas regionales y un centenar de *orquestas sinfónicas* (**symphony orchestra**). Las más importantes y célebres pertenecen a ciudades grandes como Boston, Nueva York, Chicago, Los Ángeles, Washington, Filadelfia, Denver, Pittsburgh, Saint Paul, Cleveland, y todas ellas cuentan con *directores* (**conductor**) que gozan de fama y prestigio internacionales.

También encontramos unas 900 *compañías de ópera* (**opera company**), que durante el año contratan *cantantes* (**singer**) a menudo muy famosos como Plácido Domingo, Pavarotti, Jessye Norman o Barbara Hendricks...

Este entusiasmo por la música lo comparten de manera más modesta las ciudades pequeñas, a través de orquestas locales de *aficionados* (**amateur**), bandas militares, y *coros* (**singing group**) de todos tipos.

La música está muy presente en la vida social: en la escuela, donde se aprende a leer y a tocar algún instrumento, en especial los metales y el saxofón, lo cual explica que tantos estadounidenses sean buenos músicos aficionados; en la universidad, donde se puede formar parte de los *coros* (**choir**); orquestas de desfile, que tocan en los encuentros deportivos; o compañías de danza. La música también tiene una función muy importante en los servicios religiosos, en los que el canto coral (**Gospel** en las iglesias negras) es una tradición arraigada, y en las campañas electorales, inauguraciones y festividades diversas.

El **Jazz, Rock and Roll, Rhythm'n'Blues, Pop, Country** y **Western** están siempre presentes y en el verano se celebran varios festivales. Puede obtener información sobre las manifestaciones locales de este tipo en las oficinas de turismo y los hoteles y en los lugares donde se escucha "**live music**" (*grupos musicales en persona*). En algunos bares de ciudades pequeñas, puede escuchar música popular, pequeños grupos musicales interpretan viejas tonadas conocidas acompañándose con instrumentos tradicionales: guitarra, violín, banjo, armónica, piano, etc.

En ocasiones, los hoteles grandes tienen su propio programa musical y en ocasiones cuentan con la actuación de orquestas excelentes. Si es amante del **Country and Western** —siempre muy populares—, le recomendamos visitar el templo de esta música: el "**Grand Old Opry**" de Nashville, Tennessee, ciudad famosa por sus músicos y sus estudios de grabación.

Para los amantes del **jazz** —música por demás viva en la región de Nueva York y Boston y en California—, el sitio histórico sigue siendo New Orleans y su pintoresco "Vieux Carré", barrio francés donde nació el jazz. Con motivo de la semana del "**Mardi Gras**", en febrero, las *orquestas y bandas militares* (**Brass** bands o **Marching bands**) desfilan o tocan en *carros alegóricos* (**floats**) en un ambiente particularmente festivo. De cualquier forma, se escucha jazz durante todo el año, sobre todo en el "**Preservation Hall**", conservatorio folklórico del jazz original.

● UNA CULTURA ORIGINARIA DE LOS CINCO CONTINENTES

Si bien la cultura estadounidense aún refleja en gran medida su herencia europea, hay otras influencias que la refuerzan cada vez más: se han redescubierto las aportaciones de los indios americanos y también las de los mexicanos, tan próximos, los asiáticos y los africanos, más lejanos.

La reacción reciente de algunas minorías contra el predominio tradicional de los *WASP* (**White, Anglo-Saxon, Protestant**) y el eurocentrismo cultural ha llevado a la organización de diversos movimientos que reivindican el reconocimiento de una herencia propia.

Una ciudad como Los Ángeles es un buen ejemplo del advenimiento de este mosaico cultural. Su composición demográfica, que da razón del peso de las influencias mexicanas y asiáticas, difiere sensiblemente del equilibrio tradicional de las ciudades del este y posee un paisaje cultural original. Gracias a esta mezcla, Los Ángeles se está convirtiendo en una nueva metrópoli del arte contemporáneo.

● ADQUISICIÓN DE OBRAS DE ARTE

Una de las tentaciones de algunos mecenas estadounidenses, en un pasado aún reciente, ha sido la adquisición de obras o monumentos, a veces gigantescos, de todas partes del mundo y reconstruirlos o hacerlos copiar con la mayor fidelidad posible en Estados Unidos para que sus compatriotas puedan admirarlos. En cierto modo, es una manera de comprarse un pasado o apropiarse de uno.

"**The Cloisters**", de Nueva York, es uno de los ejemplos más célebres de esta práctica. Este monumento mixto incluye varios claustros, de origen español, francés e italiano, reconstruidos piedra por piedra en la ribera del Hudson, al norte de Manhattan para el goce de los visitantes. La creación de este museo, insólito ensamble de piedras medievales, se debe al millonario John D. Rockefeller Junior.

Los transplantes no siempre han tenido tanto éxito. Por todas partes podemos observar reconstrucciones extrañamente realizadas según la fantasía del generoso donador.

● LOS INTELECTUALES (intellectuals)

Los descendientes de los rudos e intrépidos cow-boys no aprecian mucho a los intelectuales de salón, más bien sienten cierto desprecio por ellos y los llaman *cabezas de huevo* ("**eggheads**") o "**hig brow**" (lit.: *de frente alta*).

El intelectual estadounidense típico es un universitario poseedor de un *doctorado* (**doctorate**): el "**Ph.D.**" (**Philosophiae Doctor**), diploma de "filosofía", es decir, de cualquier disciplina que no sea la medicina.

Los estadounidenses, recelosos de los intelectuales encerrados en su *torre de marfil* (**ivory tower**), establecen cierta distinción entre los intelectuales que escriben para el gran público y quienes escriben esencialmente para sus homólogos, las bibliotecas y los archivos.

Jamás deja de existir cierto pragmatismo. La calidad de un intelectual se determina por su capacidad para expresarse con rapidez y eficiencia, si es posible, de manera concreta y en unas cuantas páginas. Suele decirse: "**Those who can, do; those who can't, teach**" (*"quienes pueden, lo hacen; quienes no pueden, dan clases"*).

● LA EDUCACIÓN

Tradicionalmente, los estadounidenses consideran la educación como un bien muy preciado. Para los inmigrantes era un objetivo prioritario.

En la actualidad, en las escuelas primarias se hace hincapié en desarrollar la creatividad de los niños, quienes tienen a su alcance varias posibilidades de expresión personal y artística.

Sin embargo, al igual que en la mayoría de los grandes países industrializados, el sistema no logra dar una educación satisfactoria a toda la población infantil en edad escolar, pese a la prioridad que siempre se ha concedido a la educación y al esfuerzo financiero de la comunidad. En 1977, los resultados de una encuesta oficial señalaron que alrededor del 13% de los jóvenes de 17 a 18 años eran *analfabetas funcionales* (**functionally illiterate**) aun después de haber terminado la secundaria.

● LAS BIBLIOTECAS (libraries)

Fácilmente podemos contar una treintena de bibliotecas con un acervo de más de un millón de obras. La *Biblioteca del Congreso* (**Library of Congress**) de Washington es la más grande del mundo.

Para un latinoamericano, es una experiencia fascinante visitar las bibliotecas de las grandes universidades estadounidenses. Las de Harvard, Yale, Princeton, Stanford, Berkeley y MIT (Massachusetts Institute of Technology), por ejemplo, son modelos de bibliotecas universitarias y por su riqueza excepcional atraen a investigadores de todo el mundo. También son notables por su funcionalidad, excepcional organización y la amabilidad y disponibilidad de su personal.

Por otra parte, existen numerosas bibliotecas pequeñas en todos los barrios.

## ● EL CINE (the movies)

Desde el nacimiento del cine en 1845 —pese a que sus inventores, los hermanos Lumière, no le auguraron ningún "futuro comercial"—, los empresarios estadounidenses, agrupados en torno al genial inventor e industrial Edison, concibieron esta actividad como una industria y crearon la Motion Picture Patent Co.

En 1914, fecha muy simbólica pues Europa entraba a la Primera Guerra Mundial, el cine estadounidense produjo su primera obra maestra: *El nacimiento de una nación* (**Birth of a Nation**), de David Griffith. Al mismo tiempo, comienza a forjarse en Hollywood, un suburbio de Los Ángeles, la que llegaría a ser la más poderosa industria de la imagen en el mundo.

Esta industria se concentra en ocho compañías, divididas en **Majors** (Paramount, Warner Brothers, MGM, RKO, 20th Century Fox) y **Minors** (Universal, United Artists y Columbia).

Esta *"fábrica de sueños"* (**dream factory**), encabezada por empresarios tenaces y tiránicos, aunque inspirados, producirá para los cinéfilos de todo el mundo una serie de obras maestras interpretadas por *estrellas* (**stars**) que forman parte de nuestro universo colectivo.

A continuación citamos, a modo de información, una decena de los grandes géneros y títulos de películas que, junto con muchas otras, pertenecen a la historia del cine y la cultura del siglo xx.

- El cine cómico: con Charles Chaplin *(Tiempos modernos)*.
- El western: con John Ford *(La diligencia)*.
- El drama social: con John Ford *(Las viñas de la ira)*.
- El cine negro: con Howard Hawks *(Scarface)* y John Huston *(El balcón maltés)*.
- El drama romántico: con Victor Fleming *(Lo que el viento se llevó)*.
- El cine bélico: con Robert Aldrich *(Ataque)*.
- El cine de ciencia ficción: con Stanley Kubrick *(2001, Odisea en el espacio)*.
- La comedia musical: con Stanley Donen *(Cantando bajo la lluvia)*.
- Los dibujos animados: con Walt Disney *(Fantasía)*.
- El cine de aventuras: con Steven Spielberg *(Los cazadores del arca perdida)*.

En Estados Unidos, la televisión desempeña un papel económico, social y político de primer orden.

En todos los hogares hay por lo menos un *aparato de televisión* (**television set**) y en el 60% de ellos hay cuando menos dos. En promedio, la televisión permanece *encendida* ("**turned on**") siete horas al día, pero no necesariamente recibe toda la atención de los estadounidenses sino que les sirve de compañía en la vida diaria.

En ocasiones, la televisión hace las veces de un acompañante muy especial: es un apoyo moral, relaja, explica, revela, ocupa y distrae presentando espectáculos accesibles para todos.

Entre estos dos usos extremos: el *"sonido de fondo"* (**background noise**) para sentirse menos solo y el consumo de atención extrema, se encuentra el que los especialistas consideran más común: la televisión "tapa vacíos".

## ● LA TELEVISIÓN: GARANTÍA DE LIBERTADES

Muchos estadounidenses, o al menos un gran número de *periodistas* (**journalists**), piensan que la televisión, junto con la *prensa* (**press**) y otros *medios de comunicación* (**media**), ejerce cierto control en los medios político-financieros, siempre proclives a abusar de su posición.

Su misión de saneamiento público debe permitir, llegado el caso, el estallido de escándalos en el gran día, la denuncia de prácticas inmorales e ilegales, la persecución de malversaciones de todo tipo. Siempre debe estar al servicio del *bien* (**good**) y en contra del *mal* (**evil**).

La televisión intenta mantener bajo estricta vigilancia el mundo de la política y los negocios. En el país hay numerosos **reporters** que se dedican al *periodismo de investigación* (**investigative journalism**), lo que da por resultado revelaciones espectaculares sobre asuntos turbios. A nivel local, los órganos informativos están sometidos a los medios financieros y políticos del lugar.

Los estadounidenses piensan que algunos periodistas están animados por una especie de fuego sagrado que los libera de cualquier presión del poder, pues sólo les interesa averiguar la *verdad* (**truth**). No hay posibilidad de que el gobierno ejerza *censura* (**censorship**) alguna. El único medio de que dispone el ejecutivo para bloquear un programa es ir ante los tribunales. Y aun así, la Primera Enmienda de la Constitución, sobre la libertad de expresión, ha vuelto casi imposible esta acción judicial. En cambio, diversos grupos de presión y ligas de la moral ejercen cierta censura en los anunciantes y, a través de ellos, en las cadenas.

No obstante, los reporteros más inquisitivos y mejor informados estarán dispuestos a apegarse a las disposiciones del Estado, acatar una orden nacional y perder voluntariamente todo sentido crítico cuando se declaran en juego intereses básicos de la nación.

● LA COMPETENCIA ENTRE LAS GRANDES CADENAS TELEVI-
SIVAS

A diferencia del sistema francés, la televisión pública (P.B.S., Public Broadcasting System), pese a la calidad de sus programas y la originalidad de sus modos de financiamiento (sus ingresos provienen básicamente de donaciones de particulares y del patrocinio de empresas), ocupa un lugar marginal con sólo 3% de la audiencia nacional.

Luego entonces, es claro el dominio de las difusoras privadas en el mercado, en especial de las tres *cadenas* (**network**) más grandes: ABC, CBS y NBC, que se reparten alrededor del 60% de la audiencia, seguidos por un cuarto competidor en pleno crecimiento, la FOX.

Debemos añadir aproximadamente 400 canales independientes, es decir, no afilia- dos a una **network**, y de 70 a 100 *canales de cable* (**cable station**). De modo que en promedio cada hogar dispone, potencialmente, de una treintena de canales.

Las tres grandes cadenas rivalizan sin tregua para tratar de conquistar audiencias de millones de *telespectadores* (**viewer**), llamados *"papas de sofá"* (**coach potatoes**) por los profesionales que sueñan con mantenerlos bajo su influencia, hipnotizados por las mejores estrellas, los *animadores* (**anchormen**) más famosos y los programas más atractivos.

Para estas cadenas, el reto consiste en lograr el porcentaje más elevado posible de individuos que vean los *"comerciales"* (**ads**) en el horario de mayor audiencia (de las siete a las diez de la noche), conocido como "**prime time**".

Sin embargo, las cadenas mantienen una presión constante, las 24 horas del día, para evitar que sus temibles *competidores* (**competitor**) los despojen de sus sectores de mercado. El esfuerzo por tratar de conservar una audiencia infiel y cambiante es permanente.

Una de las maneras en que las cadenas intentan seducir y cautivar a los volubles telespectadores, y sobre todo estar presentes en un mercado en expansión, es invertir en la creación de cadenas de cable especializadas (deportes, información política, música, películas, *documentales* (**documentary**), minorías, religión, temas de sociolo- gía, integración racial...). Se trata de un sector invisible y mal ubicado por el telespectador, quien no relaciona estos programas especializados con las **networks**.

Los canales locales que *transmiten* (**to broadcast**) los programas de las **networks** están repartidos en todo el territorio y conservan una autonomía variable.

Cuando se vuelven *especializados* (**specialized**), algunos canales de cable e inde- pendientes se dedican a los temas más diversos: *viajes* (**travel**), *compras por televisión* (**TV shopping**), *hágalo usted mismo* (**do-it-yourself**), pronóstico del tiempo, porno- grafía, etc.

● SOBRE LOS PROGRAMAS

Al igual que en las grandes cadenas europeas, los programas estadounidenses presentan elementos por demás conocidos en dosis específicas: temprano por la tarde, recreaciones de *hechos diversos* (**reality programs**), juegos como *"La rueda de la Fortuna"* (**The wheel of fortune**), comedias y **sit-com** muy populares (ver p. 204); en horarios privilegiados, *noticieros* (**news**), el *pronóstico del tiempo* (**weather forecast**), entrevistas, debates, series populares, programas *dirigidos a determinado sector del público* (**targeted**): *amas de casa* (**housewife**), niños por categorías de edad, personas de edad, propietarios de perros o animales domésticos, consumidores, aficionados a los automotores, *creyentes* (**believers**) y fieles de tal o cual religión, *sordos* (**deaf people**), etc.

La televisión seduce y fascina porque la gente se ve en ella. "Salir en la tele" es una marca de reconocimiento social importante que uno puede presumir con orgullo.

● LOS COMERCIALES Y EL "ZAPPING"

Una de las diferencias entre la televisión francesa y la estadounidense, además de los métodos de financiamiento mucho más complejos y diversificados de la segunda, reside en la *programación* ("line-up") y el sitio tan importante que se da a los comerciales en las cadenas privadas (de 10 a 15 minutos por hora). Los programas se *interrumpen* (**to interrupt**) a intervalos regulares por algunos minutos, tiempo que aprovechan muchos telespectadores para ver qué programas pasan en los otros canales ("**zapping**").

Alrededor del 40% de los telespectadores estadounidenses cambian de canal cada quince minutos para evitar los comerciales.

Incluso hay algunos aparatos que permiten a los "alérgicos a los comerciales" cortar automáticamente todos los anuncios publicitarios que lleguen a pasar. Existe otro dispositivo que impide que la *videocasetera* (**video cassette recorder** o **VCR**) grabe comerciales: detiene la grabación cuando éstos van a pasar y la reinicia en cuanto terminan.

Algunos comerciales pueden parecerle *"muy simples"* (**unsophisticated**) a un extranjero acostumbrado a efectos estéticos e imágenes alusivas y simbólicas. En efecto, en ocasiones los productos aparecen tal como son, sin *ningún adorno* (**no frills**) y con el precio debajo, mientras la voz en "off" de un presentador, especie de experto respetable, comenta sus ventajas.

# 24 LA TELEVISIÓN ("T.V.")

Asimismo, desde hace algún tiempo las cadenas de cable ofrecen un nuevo tipo de publicidad: los "**informercials**", debates organizados para el lucimiento de los *anunciantes* (**advertiser**) y sus productos, recibidos con *aplausos* (**applause**) y aclamaciones entusiastas.

Un extranjero quedará sorprendido al ver los comerciales de escaso presupuesto, realizados por aficionados, que pasan por los canales locales. Como se trata de publicidad de poca difusión (y por ende no es costosa), muchos anunciantes pequeños pueden darse el lujo de pagar un comercial en la televisión.

● PUBLICIDAD COMPARATIVA

La *publicidad comparativa* (**comparative advertisement**) también puede asombrar a las extranjeros. *En la pantalla* (**on the screen**), un conocedor alabará las características de COKE comparándolas con las de PEPSI o bien, un vendedor de autos enumerará, por ejemplo, las ventajas de que gozará un cliente si compra una camioneta TOYOTA, en vez de un modelo FORD, comparable en muchos aspectos.

Así pues, se trata de que el dueño de una marca dada, el beneficiario en todo este asunto, compare punto por punto y de la manera más convincente, las cualidades respectivas de su marca y una marca de la competencia, a fin de dejar que el *telespectador* (**TV viewer**) "elija" el mejor de los dos productos. Por supuesto, el objetivo de esta maniobra es presionar, "de buena fe", al cliente para que opte por la excelencia del producto apoyado por el *patrocinador* (**sponsor**), que paga el comercial.

● LOS PREDICADORES (**preachers**)

Los extranjeros quedarán igualmente sorprendidos al ver aparecer en la pantalla a *predicadores* (**TV Evangelists** o "**preachers**"). Algunos grupos religiosos, en particular sectas protestantes, utilizan los medios de comunicación, sobre todo las cadenas con un teleauditorio "específico", para darse a conocer, atraer nuevos adeptos o mantenerse en contacto con sus fieles.

Las presentaciones de los predicadores, *sermones* (**sermons**) a veces grandilocuentes y seductores, se organizan en forma de "shows" de **music hall**, con acompañamiento musical y a veces salpicados de *chistes* (**jokes**). Estos programas se aprovechan para llevar a cabo importantes *recaudaciones de fondos* (**fund raising**).

# 24 LA TELEVISIÓN ("T.V.")

## ■ ALGUNOS GÉNEROS:

### ● *Telenovela* (soap opera)

Se utiliza este término para designar una especie de serial presentado de lunes a viernes a razón de un episodio diario de media hora. Se trata de programas cuyo objetivo es, o al menos eso esperan los anunciantes, cautivar a un público de amas de casa a fin de ofrecerles ciertos productos durante los comerciales: básicamente detergentes, de ahí el uso de la palabra soap *(jabón)*. En cuanto al contenido, se trata de una serie de intrigas melodramáticas, de donde viene el nombre de ópera. Debido al éxito de telenovelas como **Dallas** o **Dynasty**, este género pasa ahora en el **prime time** (horario de mayor audiencia).

### ● *Comedias de situación* (sit-com)

En las **sit-com** (contracción de **situation comedy**) se presenta la vida cotidiana. La fórmula es ya muy conocida y constantemente se renueva. El principio básico es la escenificación de la vida diaria de una familia o de un medio socioprofesional. La atención del telespectador se estimula y alienta mediante risas grabadas que marcan los momentos cómicos.

### ● *Series* (series)

Según la moda del momento, se produce un número más o menos considerable de cop *(policía)* **shows** y otros programas de temas serios. Al igual que las sit-com, las *series* (series) presentan situaciones, pero con un tono sociológico y serio. Retratan la vida con una actitud a menudo moralizante y autocrítica de las costumbres y el funcionamiento de la sociedad estadounidense. Ejemplos: **Lou Grant** (la vida cotidiana de la sala de redacción de un periódico) y **Hill Street Blues** (la vida de una delegación de policía).

### ● *Programas de entrevistas* (talk shows)

Este tipo de emisiones pasan durante el día y sobre todo en la noche. El animador debe ser muy vivaz, simpático y estar siempre al tanto de todo, pues comenta los sucesos del momento; también conversa con las personalidades de moda.

### ● *Noticieros* (evening news)

El gran recuento de los sucesos recientes nacionales e internacionales se transmite hacia las siete de la noche (**7:00 PM**) en las repetidoras locales de las tres *cadenas principales* (**networks**) —NBC, ABC y CBS—, participan presentadores estelares de alto nivel. También encontrará los *noticieros locales* (**local news**), mucho menos pretenciosos, en los que se comentan principalmente los acontecimientos regionales y nacionales, hacia las seis de la tarde y las once de la noche.

Cuando conocen a los estadounidenses, con frecuencia los extranjeros opinan que son un pueblo de gente seria, más bien seguros de sí mismos y de sus ideas, poco dispuestos a *hacer bromas* (**mockery**) y burlarse de su manera de ser. En efecto, el poderoso Estados Unidos, más bien inclinado a la acción, a veces llega a hacerse una *autocrítica* (**self-criticism**), pero no necesariamente con sentido del humor. Por ello, en general los estadounidenses no acostumbran ser *irónicos* (**to be ironical**) o *ingeniosos* (**to be clever**) sin respetar ciertas convenciones o precisar que están *bromeando* (**to joke**). Por otra parte, no es bien visto que alguien *haga burla* (**to make fun of**) de Estados Unidos.

● HUMOR Y PURITANISMO

Desde el punto de vista de un ciudadano decente, de costumbres puritanas, en Estados Unidos se debe ser directo, *hablar sin rodeos* (**to say it straight**). Exagerando un poco, podría decirse que los estadounidenses prefieren el humor anunciado, que pone las cartas sobre la mesa, pues entonces saben a qué atenerse, qué actitud adoptar y en qué tono se está hablando.

Ser "positivo" y sonreír es una especie de imperativo categórico que le permite a la gente apreciar el lado bueno de las cosas. Por lo general, los aspectos negativos de la vida se disimulan y callan, porque se considera que las personas que hablan de sus desdichas dan una mala imagen de sí. En este contexto, el humorismo, en especial si es mordaz, decididamente está *fuera de lugar* ("**out of place**").

Muchos estadounidenses, empero, tienen debilidad por las *bromas pesadas* (**pranks, practical jokes**) del estilo de las *comedias de pastelazos* (**slapstick comedy**) o las *bromas amables* (**cute jokes**).

● LAS TARJETAS DE FELICITACIÓN

En Estados Unidos podemos encontrar un repertorio impresionante de tarjetas de felicitación adecuadas para casi todas las situaciones posibles de la vida diaria.

Estas tarjetas, con una *pequeña nota* (**a touch**) humorística, pueden tener ya sea una connotación positiva: *nacimiento* (**birth**), *día de San Valentín* (**Valentine's day**), patrón de los enamorados, *matrimonio* (**wedding**), mudanza, *estreno de una casa* (**housewarming**), *cumpleaños* (**birthday**), aumento de sueldo, victoria en tal o cual deporte, etc., o ser negativas, impertinentes, *bromistas* (**teasing**), o incluso *vulgares* (**vulgar**) o *de mal gusto* (**in questionable taste**) con el fin de estigmatizar las desgracias ajenas, reales o deseadas: fracaso, torpeza, enfermedad, derrota, provocación, humor negro y *escarnecedor* (**derogatory**).

Este tipo de humor "estándar" o programado, es muy popular. Permite comunicar un mensaje con rapidez sin necesidad de hacer un esfuerzo creativo y casi siempre se recibe con gusto y sonrisas en la mayoría de los círculos sociales.

● HISTORIETAS, PELÍCULAS Y TELEVISIÓN

A menos que conozca perfectamente el idioma y comprenda los sobrentendidos culturales, un extranjero no captará gran parte del humor de las *historietas* (**comic strips**) o los programas de televisión.

A través de las historietas puede conocer algunos recursos de la comicidad popular estadounidense, casi siempre inspirada en situaciones de la vida cotidiana (**Blondie, Andy Capp**, la revista **Mad Magazine**...) o los superhéroes (**Spiderman, Superman**), o incluso en la vida política y sociocultural (**Doonesbury, Bloom County**).

En los programas televisivos de dibujos animados (**cartoons**) (**Tom and Jerry, Bugs Bunny**...), dirigidos a los niños, encontramos los efectos de sorpresa (explosiones, caídas, colisiones) y repetición que hacen que este género sea muy accesible para las grandes masas.

Las películas de Buster Keaton, los Marx Brothers, Charlie Chaplin o Jerry Lewis y Woody Allen (más recientes), por ejemplo, son testimonios de la calidad de un humor estadounidense variado y vivaz.

En la televisión se transmiten numerosas *series* (**series** o **TV shows**) que ofrecen una producción casi ininterrumpida de gags cuyo objeto es provocar la risa del espectador. Este humor popular garantiza cierta cantidad de público y le encanta a las multitudes (**Cosby Show, Happy Days, Diff'rent Strokes**...). En estos programas se escuchan *grabaciones de risas* ("**canned**" **laugh** o *risa "enlatada"*), con las que el realizador señala el terreno a fin de indicar al público cuándo debe *reírse* (**to laugh**) y de qué.

Una gran parte de los efectos humorísticos se crean a través del lenguaje, *juegos de palabras* (**pun, play on words**), *sobrentendidos* (**understatements**), lítotes, etc.

● DIVERTIRSE (**to have fun**)

En las *fiestas* (**party**) en que se reúnen amigos, vecinos, colegas, etc., la forma de *divertirse* (**to have fun**) consiste en charlar con el mayor número posible de personas, tratando de descubrir si comparten con usted algún interés. Cabe mencionar, por otra parte, que las conversaciones versarán más bien sobre lo que "hacen" las personas y no sobre lo que "son".

El sentido del humor estadounidense, muy pragmático, emplea la risa como un medio para *relajar* (**to loosen up, to break the ice** o *"romper el hielo"*) los convivios un poco serios o el inicio tenso de algunas reuniones.

En los círculos universitarios, o de negocios, se acostumbra que el *organizador* (**organizer**) de un coloquio comience su discurso con algunas palabras de bienvenida y, poco después, intercale uno o dos chistes (**"introductory jokes"**) para que los asistentes rían y se sientan en confianza.

Aunque es una convención más bien trivial, una especie de ritual, la mayoría de los participantes se deja llevar y, por lo general, la atmósfera mejora en buena medida.

Así que no se trata de ser muy *ingenioso* (**witty**) u original, sino, como buen profesional de la comunicación, de ser a la vez eficaz y práctico de la mejor manera posible.

● LA AMISTAD (friendship)

Las familias estadounidenses casi siempre cultivan la sociabilidad y la apertura de los niños en su entorno como grandes cualidades que se siguen fomentando en las instituciones escolares, universitarias y profesionales.

Se aprecia y alienta la extroversión. A cualquier edad y en cualquier circunstancia conviene saber rodearse de una *red* (**network**) de amistades y ser simpático y accesible.

De manera general, se considera ''positivo'' que una persona sea *sociable* (**outgoing**) y popular, tenga amigos, goce del aprecio de muchas personas por sus cualidades humanas y sepa ejercer un ''liderazgo'' entre sus compañeros. El ganador del premio al *''mejor amigo''* (**''best'' friend**) es muy envidiado. Contar con el reconocimiento y la preferencia de sus semejantes es un muy buen augurio para la futura vida profesional.

La palabra inglesa para *amigo* (**friend**) se utiliza de manera mucho más amplia y con mayor facilidad que en otros países. En ocasiones designa a personas que se conocen relativamente poco. Por lo tanto debe explicitarse a fin de situar con precisión la clase de relación de que se está hablando. ¿Se trata de un amigo perteneciente a un círculo muy amplio o un *amigo íntimo* (**''close'' friend**), de los que se cuentan con los dedos de una mano?

En Estados Unidos, se espera que un amigo lo ayude a ver más claro, lo acepte tal como es y comparta sus ideas, cualesquiera que éstas sean.

A los estadounidenses se les dificulta comprender a quien no tiene amigos, el **''loner''** *(solitario),* a quien tachan de antisocial porque el postulado básico es que todos deben hacerse de amigos. Es simplemente cuestión de voluntad. Durante toda su vida niños y adultos están rodeados de incitaciones a sociabilizar (**parties**, **clubs**, coros, deportes y actividades diversas, etc.).

● **PUDOR (modesty, decency)**

El pudor de gran parte de la opinión pública se manifiesta a través de reacciones a las provocaciones de Satán y sus representantes en la Tierra. Tomar a alguien de la mano o abrazarse en público no se considera correcto en el Estados Unidos Profundo.

La reputación de libertad sexual es muy exagerada, según lo indican los informes o las encuestas a este respecto. La publicidad presenta un número mucho menor de alusiones sexuales que en otros países. Sería muy mal visto que una mujer se exhibiera con el pecho desnudo en una playa pública.

● **EL SISTEMA DE "DATES" (dating)**

Tener alguien con quien salir el sábado por la noche es una cuestión social importante para la mayoría de los *adolescentes* (**teenagers**). El "**dating**" forma parte de las instituciones estadounidenses por ser un modo codificado y uniforme seguido por los jóvenes de ambos sexos para relacionarse. Quien no logra tener una *cita* (**date**) se encuentra casi relegado socialmente.

Los estadounidenses salen con su "**date**" (la palabra también puede designar a la persona), regular u ocasionalmente, a cenar o a algún espectáculo. También van a *bailar* (**to dance**) y pueden comenzar a *coquetear* (**to flirt**) sin llegar demasiado lejos. Después, se pasa a la categoría de "**boyfriend**", o "**girlfriend**", que supone cierta continuidad en la relación y cierto compromiso, entonces dicen que *"están saliendo con alguien"* (**to go out, to go "steady"**).

● **LAS PAREJAS (couples)**

A diferencia de las parejas de franceses, a quienes les encanta hacerse rabiar en público para mostrar lo bien que se llevan, las parejas de estadounidenses se afanan en presentar un frente común y la imagen de que hay un perfecto entendimiento mutuo. Ante los demás, la armonía es de rigor.

● **CÓMO CONQUISTAR A UN(A) ESTADOUNIDENSE (attracting/charming an American)**

Como no es descortés ni está fuera de lugar entablar una conversación con alguien que parece disponible, lo más sencillo es *abordar* (**to approach someone**) a la persona en cuestión. Si ésta no desea conversar con usted, se lo hará saber muy pronto, por lo general con una *sonrisa* (**smile**). Es mejor no insistir en caso de que lo rechacen, pues podrían tomárselo a mal.

De manera general, conviene hacer un juego abierto y ser directo cuando alguien se acerque a usted. Invitar una copa no implica ningún compromiso. Lo que extraña a los extranjeros es la facilidad con la que pueden abordar a las estadounidenses. Si las miran a los ojos, se sienten obligadas a sonreír o a decir algo. Para ellas, se trata de establecer un intercambio a fin de eliminar los sobrentendidos.

Sin embargo, para un extranjero, esta reacción, considerada favorable, parece una *invitación* (a "come-on"). Incluso pueden creer que han logrado una conquista, mientras que a las estadounidenses no se les ocurre siquiera que han *"ligado a alguien"* (to "**pick someone up**"), sino que sólo están siendo amables. En su afán por mostrarse sociables y *gentiles* (polite, "**nice**"), no llegan a pensar en posibles malos entendidos.

Puede ser que al final de un encuentro de este tipo, un(a) estadounidense pronuncie una fórmula de tipo: "**It was so nice talking with you**" *(ha sido un placer charlar con usted)* o incluso: "**Why don't you give me your phone number?**" *(¿Podría darme su número de teléfono?)*, lo que lo llevará a creer que esta persona ha pasado un momento inolvidable en su compañía.

Se trata sólo de *frases* (**expressions**) hechas que conviene decir con cierto énfasis cuando se quiere ser amable. A veces se pronuncian con tanta convicción que llegan a desconcertar al interlocutor extranjero, poco acostumbrado a tales demostraciones de entusiasmo.

Cabe señalar que una estadounidense difícilmente aceptará que un hombre al que apenas conoce le pague la cena o el cine. Conserva su independencia y su distancia insistiendo en compartir los gastos por partes iguales. Incluso puede tomar a mal el hecho de que un hombre se empeñe en invitarla (o pague sin avisarle) pues, salvo en los casos en que se está devolviendo un favor, puede pensar que él quiere comprometerla, "comprarse una cita" o simplemente que no la respeta. No obstante, en los círculos y las regiones con menos influencias feministas (en el sur, por ejemplo), una mujer a quien se ha hecho una invitación más o menos formal esperará que el hombre pague. De cualquier forma, ofrecerse amablemente a pagar diciendo "**let me get this one, if you don't mind**" *(permítame pagar, si no le importa)* no resulta ofensivo si la mujer espera volverlo a ver (de ser así, se sobrentiende que la próxima vez pagará ella...).

# 27 LAS RELIGIONES (religions)

Desde la fundación de los Estados Unidos de América, la Constitución ha determinado la separación de la *Iglesia* (church) y el *Estado* (state), aun antes de la Revolución Francesa. La *Primera Enmienda* (First Amendment) de esta constitución prohíbe que el Congreso someta a votación cualquier *ley* (law) que afecte el establecimiento de una religión o prohíba practicarla libremente.

En nuestros días, la religión continúa desempeñando un importante papel en Estados Unidos. Las creencias y conversiones se anuncian con mucho mayor facilidad que en Europa, y el protestantismo, que permite la interpretación personal de la Biblia, favorece la proliferación de las sectas. En años recientes también se ha acrecentado la influencia de las religiones orientales. En esta sección abordaremos sobre todo el funcionamiento de las principales comunidades protestantes, repartidas en todo el territorio del país.

## ● LA RELIGIÓN Y LA COMUNIDAD

La mayoría de la gente pertenece a una Iglesia por *convicción religiosa* (religious conviction) y también porque se sienten bien en esa *comunidad* (community), que los acoge e integra. La religión reúne a las personas. En ella puede encontrarse compañía, *amistad* (friendliness) y gente servicial. La manera de participar es compartir sus valores con sus semejantes.

Por lo general, la *vida parroquial* (parish life) o comunitaria es absorbente. Se solicita la colaboración de los *feligreses* (church members) para numerosas actividades *voluntarias* (volunteer): asistir a los *pobres* (the poor), participar en reuniones donde se tratan problemas materiales o espirituales, hablar de la Biblia a los niños, cuidar a los bebés de la guardería, supervisar el juego de bingo y recolectar fondos entre los adultos, preparar un *refrigerio* (snack) para después de los oficios religiosos, etc.

## ● ELECCIÓN DE UNA IGLESIA

Para muchos estadounidenses, el gran número de religiones constituye la mejor, y única, garantía de la libertad religiosa en cualquier sociedad. Se trata de evitar el establecimiento de una religión oficial, en forma de secta o culto, que tendría ascendiente sobre las demás, hasta el grado de dominarlas y someterlas. (Atención: sect y cult son palabras con una fuerte connotación peyorativa).

Por lo tanto, puede elegirse entre una vasta gama de *credos* (faith), aunque esto no significa que pueda optarse por el laicismo. La falta de religión se considera una emanación del "comunismo". Así que más vale cambiar de iglesia que pronunciarse por un *ateísmo* (atheism) sospechoso. La U.R.S.S. siempre tuvo la mala reputación de ser un país *sin Dios* (Godless).

Tratar de encontrar la "horma de su zapato" constituye una búsqueda legítima que no es mal vista. Así pues, un baptista puede hacerse presbiteriano, con motivo de una mudanza, por ejemplo, por razones de cercanía o de simpatía personal.

## ● IMPORTANCIA DE LAS COMUNIDADES RELIGIOSAS

Los *protestantes* (**Protestant**) representan la comunidad oficial más numerosa, con centenares de cultos y 75 millones de fieles ("**faithful**", **churchgoer**). La mayor proporción de fieles se concentra entre las iglesias principales: presbiterianos, calvinistas, baptistas, metodistas, episcopalistas... con una enorme variedad de matices en cuanto a las prácticas religiosas en las diferentes comunidades, dependiendo de su ubicación (al este, al norte, al oeste o al sur) y los sectores de población que reúnan (blancos o negros, personas de edad o jóvenes, ricos o pobres, etc.).

Le sigue la *Iglesia Católica* (**Roman Catholic Church**), que cuenta con menos fieles (alrededor de 50 millones), pero reunidos en una sola y vasta comunidad integrada en su mayoría por irlandeses, italianos y, actualmente, mexicanos y sudamericanos. En 1960, la elección de J.F. Kennedy como presidente de Estados Unidos marcó un hito en la historia de este país al convertirse en el primer católico en llegar a la Casa Blanca.

Algunas religiones, como los mormones y la Iglesia de la Cientología, nacieron en Estados Unidos, donde se sitúan más o menos al margen de las grandes comunidades como los amish, los shakers y los Testigos de Jehová. También podemos encontrar múltiples sectas como las de Moon, Hare Krishna, etc. (ver p. 214).

## ● LAS IGLESIAS Y EL DINERO

Para cubrir sus necesidades esenciales, las iglesias dependen de las *donaciones* (**donation**) en especie y en dinero provenientes de su comunidad.

La sobrevivencia y desarrollo de las iglesias depende tanto de la *devoción* (**zeal**) de sus fieles como de la capacidad de éstos para manejar las finanzas en un ambiente en ocasiones difícil. Cada fiel dona un promedio de 150 dólares al año.

Una de las actividades habituales de los feligreses consiste en recolectar fondos para mantener los locales, pagar a los empleados y al *pastor* (**pastor**, **reverend**), organizar *ceremonias* (**service**), ayudar a las personas necesitadas... En ocasiones, la búsqueda de patrocinadores o donadores ocupa a todo un equipo de fieles cuyo comportamiento se asemejará mucho al de *"militantes"* (**activist**) al servicio de alguna causa o movimiento.

En lo que respecta al fisco, en 1970 la Suprema Corte declaró la "neutralidad condescendiente hacia las iglesias y la práctica de la religión en general", neutralidad condescendiente que incluía la exención de impuestos.

Sin embargo, el dictamen de 1970 enfrentó a la Corte a numerosos problemas provocados por la multiplicación de sectas a veces dirigidas por enfermos mentales más o menos peligrosos o *estafadores* (swindlers).

## ● LA IGLESIA Y LA TELEVISIÓN

Una gran parte del Estados Unidos Profundo se siente atraído por los programas espectaculares en los que un *predicador* (preacher) logra despertar emociones intensas al exhortar a las masas y prometerles la *redención* (redemption, salvation) a pesar de sus *pecados* (fault, sin).

Para un extranjero es sorprendente descubrir el ambiente sumamente comercial, tomado del show-business, de estos *sermones* (sermons) transmitidos por televisión. Luces, chistes, acompañamiento musical y en ocasiones hasta *milagros* (miracles), todo lo necesario para despertar el interés del público.

## ● DIOS BENDIGA A ESTADOS UNIDOS, "God bless America"

Para aquellos de tendencia anticlerical, *"creer"* (to believe) significa dejar de ser inteligente y consideran que el progreso debe alimentarse de la *duda* (doubt).

En Estados Unidos, por el contrario, la vida pública está impregnada de religiosidad, del billete de banco a las escuelas.

La convicción compartida de que "Dios está ahí" anima a los estadounidenses. El Creador bendice sus actos y los ayuda a llevar a cabo su misión en este mundo, pues Él les ha asignado una delegación especial.

En numerosas oportunidades le rinden culto. Los presidentes recién elegidos juran sobre la Biblia, por ejemplo, en el momento en que son investidos y no dudan en orar en público.

Antes de las sesiones del Congreso o de las reuniones de la Suprema Corte, todos se levantan respetuosamente para hacer una oración o una meditación personal (a moment of silence).

Remitiéndose a la tradición de las primeras comunidades de pioneros, muchos estadounidenses dan *gracias a Dios* (grace) antes de los alimentos.

## ● REGRESO A LOS VALORES TRADICIONALES

Después de un periodo de vacilación posterior a la Guerra de Vietnam y los acontecimientos en Irán, los *valores tradicionales* (traditional values) recuperaron terreno gracias al impulso de los presidentes republicanos Reagan y Bush.

Estados Unidos inició un retorno a los *valores esenciales* (basic values) cuyo origen se remonta al siglo XVII, época feliz en que la idea del *progreso* (progress) aún no se había separado de la idea de Dios. La religión y el capitalismo hacen una buena pareja. ¿Acaso Dios no es capitalista *"de corazón"* ("at heart")?

● IGLESIAS TÍPICAMENTE ESTADOUNIDENSES

**QUAKERS**—Su nombre oficial es "**Society of Friends**" *(Sociedad de Amigos)*. Perseguidos en Inglaterra, en el siglo XVII emigraron en forma masiva a Estados Unidos. Pacifistas y filántropos, se los conoce por su integridad, solidaridad y su rechazo de todo clericalismo. Alrededor de 100,000 miembros.

**AMISH**—Grupo de tradición menonita, fundado en Suiza en el siglo XVII. Se concentran en la región de Filadelfia; viven en completa austeridad porque rechazan cualquier tipo de progreso técnico, incluyendo la electricidad y el automóvil. Sus comunidades pintorescas constituyen un atractivo para el turista.

**SHAKERS**—Iglesia milenarista fundada en Inglaterra en 1747 y conocida en la actualidad por el sobrio estilo de sus trabajos de carpintería. Practicaban danzas rituales durante sus servicios religiosos, de ahí el nombre de "**shaker**" *(meneadores)*. Sus creencias les prohibían el sexo, por lo que esta Iglesia dependía de las conversiones y sucumbió en la década de 1900.

**MORMONS**—Nombre oficial: "**Church of the Latter Day Saints**" *(Iglesia de los santos del último día)*. Posee alrededor de 3.8 millones de miembros, concentrados en el oeste y el centro del país (especialmente en Utah, donde esta iglesia es muy poderosa). Los mormones se caracterizan por su abstinencia (no consumen excitantes ni alcohol), solidaridad y su práctica del diezmo.

**IGLESIA DEL CRISTO CIENTÍFICO**—Esta religión, fundada en Estados Unidos en 1866 por la Sra. Mary Baker Eddy, se basa en la reflexión espiritual. Sus miembros hacen uso de medios exclusivamente espirituales para tratar las enfermedades. Cuenta con 1.5 millones de miembros. Su sede, en Boston, es impresionante.

**BAPTISTAS**—Entre los más célebres se encuentran Jimmy Carter, Martin Luther King y Harry Truman. Hay alrededor de 27 millones en Estados Unidos; su nombre se debe a que acostumbran "bautizar" a los adultos por inmersión total.

**PENTECOSTISTAS**—Aproximadamente 4 millones; culto notable por su retorno a las prácticas descritas en la Biblia: trances, profecías, curaciones, etc.

Asimismo, hay alrededor de 50 millones de *católicos* (**Roman Catholic**), 15 millones de *metodistas* (**methodist**), 8.8 millones de *luteranos* (**lutheran**), 6 millones de *calvinistas/presbiterianos*, 5.6 millones de *episcopalianos* (del rito anglicano), 5 millones de *ortodoxos* (**orthodox**), 6 millones de *judíos* (**Jew**), 3 millones de *musulmanes* (**Muslim**), 750,000 *Testigos de Jehová* (**Jehovah's witness**), 50,000 seguidores del Reverendo **Moon**...

● "CON LIBERTAD Y JUSTICIA PARA TODOS" **(With liberty and justice for all)**

El sistema judicial de Estados Unidos puede parecer particularmente complicado a los extranjeros. No se trata de un sistema único, sino más bien de cincuenta y un sistemas (uno por estado, a los que se añade el de la federación). En este país se advierte la preeminencia del *derecho* **(law)**, la primacía de la **Constitution** y la importancia de la *Suprema Corte* **(Supreme Court)**.

En Estados Unidos se hace hincapié en la *igualdad* **(equality)** de oportunidades de los ciudadanos ante la justicia, lo cual forma parte del sueño estadounidense. Se supone que todos deben tener las mismas oportunidades en un principio. Si durante su existencia algunos han logrado más ventajas que otros en el marco de la ley, se debe a que han aprovechado su libertad y han hecho lo necesario para obtenerlas, así que es justo que disfruten de ellas.

En caso de ausencia de la institución judicial, existe cierta tendencia a hacerse justicia por propia mano, pues la justicia es asunto de todos... Por ejemplo, periódicamente en el metro de Nueva York puede verse a brigadas que combaten a las *personas fuera de la ley* **(outlaws)** y les recuerdan sus deberes. Existe un derecho de *desobediencia civil* **(civil disobedience)** si se tienen buenas razones para pensar que el aparato administrativo sobrepasa los derechos de uno o no cumple con su deber. Todo individuo tiene derecho a realizar un *arresto* ("citizen's" arrest) en la vía pública, siempre y cuando conduzca al delincuente a la *delegación de policía* **(police station)** más cercana a la brevedad posible.

Las relaciones entre la justicia y la democracia están encarnadas en la elección frecuente de *jueces* **(judge)** y *policías* **(policeman)** a nivel local. La justicia, en manos de los hombres que se han elegido, no es inmanente, pero suele ser "humana", con su dedicación y sus imperfecciones.

● LOS JUECES **(judges)**

La Suprema Corte de Estados Unidos se sitúa a nivel federal y constituye el último recurso de los ciudadanos estadounidenses. Sin embargo, cada uno de los estados cuenta con una Suprema Corte.

El presidente designa a los jueces federales, previa aprobación de los nombramientos por parte del *Senado* **(Senate)** de Washington.

Los *gobernadores* **(governor)** nombran a algunos jueces con base en "consejos" y recomendaciones que varían según el estado y el gobernador.

## ● LOS PROCESOS (suits)

Los estadounidenses se sirven con gran facilidad de su sistema judicial para obtener alguna compensación (financiera) si sufren algún perjuicio cuyo responsable pueden señalar. Desde hace unos veinte años, un gran número de individuos han entablado *demandas* (to sue) contra profesionales acusados de haber cometido algún error (en especial médicos acusados de negligencia profesional) o contra fabricantes culpables de haber aconsejado o informado mal al consumidor.

## ● LOS PROCEDIMIENTOS

Los casos delictivos se inician con la intervención del *juez de paz* (justice of the peace), quien decide si debe o no *inculpar* (to indict) al sospechoso presentado por la policía y enviarlo a *prisión* (jail). En ciertos casos puede concederse la *libertad bajo fianza* (to release under caution) hasta que se celebre el *juicio* (trial).

Después del juez de paz, la decisión de juzgar a un individuo corresponde a un *gran jurado* (grand jury) integrado por algunos ciudadanos reunidos *a puerta cerrada* (behind closed doors). Por último, si se sostienen los cargos se inculpa al *sospechoso* (defendant) y el caso se defiere al jurado de un tribunal de justicia, que se pronunciará por la inocencia o culpabilidad del acusado.

## ● LAS PRISIONES (prisons and jails)

Se considera que las prisiones con peores condiciones son las que pertenecen a los distintos estados. En ellas, los individuos están hacinados y reina la promiscuidad. Actualmente, la tendencia es reunir fondos y privatizar lo más posible la administración de los reclusorios. En comparación, las prisiones federales parecen establecimientos de lujo.

A fin de evitar que se *encarcele* (to incarcerate) sistemáticamente a todos los sospechosos, existe la posibilidad de obtener la *libertad bajo fianza* (bail) prevista por la ley. Como este recurso requiere de una gran suma de dinero, el acusado *comparece en los tribunales* (to appear in court) con la esperanza de recuperarla. Hay tal cantidad de reos en las cárceles que existe el procedimiento de *libertad bajo palabra* (parole) para que quienes han cometido *delitos menores* (misdemeanor) puedan acortar su condena. Sólo los individuos con *buena conducta* (good conduct) podrán hacer uso de este recurso.

## ● EL DERECHO AL SILENCIO

Uno de los principales dogmas de la justicia estadounidense se encuentra en la afirmación de que a cualquier acusado se le considera *inocente* (presumed innocent) hasta que no se compruebe que es *culpable* (guilty).

Los *ciudadanos* (citizens) tienen *derecho a guardar silencio* (the right to keep silent) si lo desean, a sabiendas de que cualquier cosa que digan podría ser utilizada en su contra durante el proceso. Asimismo, se les recuerda que antes del *interrogatorio* (questioning) tienen derecho a consultar a un abogado y contar con su presencia.

● LOS ABOGADOS

Puede explicarse de varias maneras el sitio privilegiado que tienen los *abogados* (lawyer, attorney) en la sociedad de Estados Unidos, donde hay alrededor de 500,000. El derecho que se aplica en el país varía según el estado, lo que hace casi indispensable la asesoría de un jurista para interpretar la jurisprudencia.

La práctica del "**contingency fee**", por otra parte, permite que los abogados, si ganan un caso, reciban como pago de sus servicios una proporción dada, negociable, de las sumas otorgadas a sus clientes a título de *compensación* (compensation). Por el contrario, si el abogado *pierde el caso* (to lose a case), queda entendido que no recibirá nada y sólo habrá perdido el tiempo.

● LA POLICÍA

Es impresionante la cantidad de divisiones de la policía estadounidense: *policía local* (local o city police), de *condado* (county police), *estatal* (state police), de *caminos* (highway patrol), en ocasiones hasta *policía de las universidades* (university police). A nivel federal, están el célebre **F.B.I.** (Federal Bureau of Investigation) y la **National Guard**, que se moviliza en caso de *disturbios* (riot) o para socorrer a la población durante catástrofes naturales. La policía estadounidense, de tradición anglosajona, es legalista, está más cerca del ciudadano promedio y es aceptada por él (quien no duda en acudir a ella si, por ejemplo, se le quedan las llaves en el auto). No obstante, la policía de Estados Unidos se enfrenta a una violencia más radical que en otros países y, al hacerle frente, puede adoptar un actitud violenta, racista y poco tolerante con los marginados sociales. Por otro lado, la venta libre de *armas de fuego* (firearms) le dificulta aún más su tarea. En síntesis, la policía estadounidense realmente puede ser "**a friend in need**" *(un amigo en caso de necesidad),* pero conviene respetar escrupulosamente la ley y mostrarse muy *arrepentido* (sorry) en caso de cometer alguna infracción si desea evitar dificultades inútiles.

217

Una vez concertada una *cita* (**appointment**) por teléfono con un interlocutor estadounidense para *hacer negocios* (**to do business**) con él, conviene que confirme su asistencia vía fax. La *confirmación* (**confirmation**) es un trámite casi necesario, apreciado en la mayoría de los medios profesionales. Después de la cita, enviar una carta en la que se enuncien los puntos principales constituye otra etapa en el manejo de la transacción.

Así pues, conviene que llegue puntual a su cita, de lo contrario su imagen puede resultar afectada. También es necesario que prepare bien su intervención pues se acostumbra respetar la duración prevista para el encuentro y causará molestia que se exceda aunque sea unos minutos. Se trata de *ser conciso y breve* (**to the point**, "**short and sweet**"), de ir al grano rápidamente sin *andarse por las ramas* ("**to beat around the bush**"). Su presentación debe ser impecable, concreta y "comunicativa". Debe prever las principales objeciones y esgrimir de inmediato las ventajas de su proyecto. Tal vez se presenten abogados en la entrevista para estudiar el aspecto jurídico y la posibilidad de celebrar un contrato.

Los desayunos y las *comidas de negocios* (**business lunch**) se realizan en los comedores de hoteles o de las compañías. Las cenas de negocios son menos comunes y más tranquilas. Las invitaciones a la casa se hacen con toda naturalidad; si se trata de una recepción, quizás tenga oportunidad de hacer buenos contactos.

## ● PUNTOS DÉBILES (weak points) DE LOS NEGOCIADORES ESTADOUNIDENSES

Desde hace unos quince años, los métodos estadounidenses en el ámbito de los negocios, ejemplares en muchos aspectos, han tenido una gran evolución. Probablemente esto se deba en parte a la pérdida, relativa, de velocidad y dinamismo comercial de Estados Unidos en el mundo.

Efectivamente, de acuerdo con dos autores estadounidenses,* los principales "defectos" potenciales de los negociadores estadounidenses al tratar con *socios* (**partner**) extranjeros serían:

— *vanidad* (**pride**) excesiva: los ejecutivos estadounidenses se consideran capaces de negociar muy bien solos con varios socios extranjeros;

— *familiaridad* (**familiarity**) excesiva, perjudicial para el establecimiento de una negociación sana;

— cierto desconocimiento de lenguas extranjeras, con el pretexto de que el inglés es el idioma internacional;

— *impaciencia* (**impatience**) por querer cerrar el trato;

— *cierta ingenuidad* (**openness**), ya que de inmediato quieren *poner las cartas sobre la mesa* (**all cards on the table**) y anunciar el monto por el que desean hacer el negocio;

— ineptitud para manejar bien los momentos de silencio durante una negociación;

— cierto imperialismo cultural que raya en el *individualismo* (**self-satisfaction**).

* J.L. Graham y R.A. Herberger.

Los negociadores deben transformarse paulatinamente en socios y juntos tratar de establecer un *compromiso* (**compromise**) satisfactorio para ambas partes.

Al negociar, evitará los escollos si sigue estas recomendaciones:

— trate por separado a las personas y el fondo del problema;

— concéntrese en los intereses en juego y no en las posiciones;

— imagine una gran variedad de soluciones antes de *comprometerse* (**to commit oneself**);

— exija que el resultado se base en criterios "objetivos".

● EL CONCEPTO DE NEGOCIACIÓN

Algo que puede llamar la atención a un extranjero es el esfuerzo que hacen los estadounidenses por explicitar las *reglas* (**rule**) de cualquier tipo y hacer que la información sea lo más accesible y transparente posible para todos. Se trata de poner en claro las cosas para evitar perder el tiempo en negociaciones. Pero una vez establecidas las reglas, éstas no podrán *transgredirse* (**to be broken**) ni ser objeto de *ajustes* (**bargaining**) para beneficio personal. El lenguaje de las negociaciones está presente en situaciones de la vida cotidiana: por ejemplo, cuando es obligatorio respetar una regla o condición, se dice que "no es negociable" (**it's non-negotiable**).

El arte de negociar se apoya en la elaboración de un *contrato* (**contract**), el cual, una vez firmado, es *obligatorio* (**binding**) para ambas partes. No se acostumbra *renegociar* (**to renegotiate**) los *términos* (**terms**) inmediatamente. Uno debe apegarse rigurosamente a las estipulaciones. Cuando un estadounidense sabe que tiene la razón, no volverá a negociar el contrato.

● NEGOCIACIONES COLECTIVAS

De acuerdo con la tradición, las negociaciones salariales de los distintos ramos profesionales se llevan a cabo con determinada periodicidad, por ejemplo, cada tres años. Los enfrentamientos de fuerzas con frecuencia son muy fuertes entre los socios.

Después de la negociación, el acuerdo firmado por la *empresa* (**management**) y el *sindicato* (**union**) debe durar el tiempo previsto. No habrá una nueva negociación sino hasta que se cumpla el vencimiento estipulado en el *acuerdo* (**agreement**). Tanto los empleados como la empresa esperarán el próximo "**round**" para tratar, una vez más, de hacer que prevalezca su opinión. Las consideraciones económicas tienen mayor peso que las ideológicas. Cuando una de las partes domina, hace sentir su supremacía...

Cuando visitan Estados Unidos, los extranjeros quedan asombrados ante el sentimiento de *orgullo* (**pride**) de sus habitantes por el hecho de formar parte de una *"gran nación"* (**"great nation"**): la más democrática, la más libre, la más rica, *la más poderosa* (**the most powerful**), *la más avanzada en tecnología* (**the most advanced**) y además ejemplar por su modo de vida y sus instituciones.

Desde su punto de vista, la prueba tangible y viva de este éxito es la atracción que ejerce su país y su **"American way of life"** en la continua oleada de inmigrantes que llegan de todos los rincones del mundo en busca de la *"tierra prometida"* (**promised land**).

● SALUDO A LA BANDERA E HIMNO NACIONAL

En muchas escuelas, todas las mañanas los niños recitan de pie y con la mano en el corazón la "oración" en honor de la *bandera* (**flag**), el *"juramento de lealtad"* (**pledge of alliance**), que constituye uno de los fundamentos del sentimiento nacional. Al principio de una gran cantidad de reuniones oficiales, los estadounidenses declaran: *"Juro lealtad a la bandera de los Estados Unidos de América y a la República que representa, una nación bajo la protección de Dios, indivisible, con libertad y justicia para todos"* (**I pledge allegiance to the flag of the United States of America and to the Republic for which it stands, one nation under God, indivisible, with liberty and Justice for all**).

Otra ocasión tradicional en la que se manifiesta el sentimiento de pertenencia es el canto del *himno nacional* (**national anthem**), el **"Star Spangled Banner"** antes de ceremonias oficiales o, más comúnmente, antes de cada encuentro deportivo importante, trátese de cualquier deporte. Todos se ponen de pie, colocan la mano derecha en el corazón, adoptan una actitud digna y concentrada y cada quien puede acompañar la música cantando con fervor.

● LA BANDERA (the flag)

El 4 de julio, el *Día de la Independencia* (**Independence Day**), en Estados Unidos se conmemora la declaración de su independencia. En las calles se manifiesta una gran devoción por la *"bandera de las estrellas"* (**the star spangled banner**). Los *ciudadanos* (**citizen**) la colocan por todas partes: en los jardines, en todos los edificios y casas e incluso en las tumbas de los cementerios.

Cuando sobrevienen catástrofes nacionales, como la explosión del transbordador **Challenger** en pleno vuelo, o durante *duelos* (**mourning**) que consternan a todo el país, las banderas de los principales monumentos se ponen *a media asta* (**at "half-mast"**).

Un artista estadounidense que tenía el mal gusto de adornar la banda de su sombrero con la bandera del país provocó de inmediato la *indignación de la opinión pública* (public outcry). El asunto se llevó hasta los tribunales federales, pues desde los difíciles orígenes de la federación, *la profanación* (desecration) de la bandera constituye un *delito menor* (misdemeanor).

Algunos estadounidenses adoptan una actitud externa, y también interna frente a extranjeros, de susceptibilidad ante las observaciones y críticas sobre los asuntos de su país que en ocasiones raya en la intolerancia. Se trata, nada más ni nada menos, de aceptarlos como son o de marcharse. "America, love it or leave it" (*¡Estados Unidos: ámelo o déjelo!*).

## ● ETNOCENTRISMO Y NACIONALISMO (ethnocentricity and nationalism)

El sentimiento de orgullo nacional se inculca a los estadounidenses desde muy temprana edad. Se fomenta en la familia y en la mayor parte de las instituciones del país y a menudo se refuerza cuando un ciudadano, como estadounidense, se enfrenta al juicio de un extranjero. La amenaza externa estimula las reacciones de defensa y reaviva el orgullo nacional.

Cabe mencionar que, desde el punto de vista físico y cultural, Estados Unidos ofrece una gran variedad. En verdad podemos encontrar de todo, debido, por una parte, a los orígenes y tradiciones diversas y, por la otra, al papel poco activo que ha desempeñado el gobierno en la vida cotidiana (lo que ha dado lugar a diferencias regionales a veces extremas). De manera que el nacionalismo estadounidense también sirve para unificar a estas distintas poblaciones.

## ● UNA MISIÓN UNIVERSAL

Muchos estadounidenses creen en Dios con fervor y tienen fe en su misión universal, que consiste en *promover la libertad* (to promote reedom) en todo el mundo. En múltiples ocasiones han llevado libertad y serenidad al mundo occidental.

La caída del muro de Berlín y el desmoronamiento actual del comunismo han reforzado su idea de que el *"Bien"* (Good) ha triunfado sobre la *"Maldad"* (Evil), expresada por el ex presidente Ronald Reagan.

El orgullo de los estadounidenses encuentra límite cuando se les recuerda la parte sangrienta del mito de la fundación de su país: *"la conquista del Oeste"* (the conquest of the West) y su corolario olvidado: la matanza de la población india y su confinamiento a *reservas* (reservation) donde algunos viven en las garras del alcoholismo. Cuando se evoca este drama, la mayoría de los estadounidenses experimentan cierto malestar y remordimiento.

# ÍNDICE

# IDIOMAS LAROUSSE
## ALGUNOS TÍTULOS DISPONIBLES

**¿Desea aprender el idioma inglés?**
**¿Necesita recordar sus conocimientos básicos?**

*Iniciación*
*Diseñado para recordar o aprender el lado útil y práctico del idioma inglés ¡al ritmo que usted desee!*

**¿Desea mejorar la claridad y espontaneidad de sus expresiones en inglés?**

*Comunicar*
*Método para desenvolverse de manera natural frente a situaciones de la vida cotidiana.*

**¿Desea practicar el inglés cotidiano norteamericano?**

*Practicar*
*Método diseñado para expresarse en todas las circunstancias, ejercitando y perfeccionando su inglés.*

**¿Quiere conocer y reafirmar fácilmente las bases gramaticales del inglés actual?**

*Gramática*
*Un enfoque claro y preciso para conocer y aplicar los aspectos gramaticales esenciales del idioma.*

**¿Le interesa conocer su nivel de inglés y corregir sus fallas?**

Score
*Obra de autoevaluación y autoenseñanza, para valorar y mejorar sus conocimientos de manera rápida y precisa.*

**¿Desea iniciarse en el inglés de los negocios?**

*Iniciación Económico y Comercial*
*Obra que le permitirá iniciarse en el lenguaje moderno de los negocios.*

**¿Desea mejorar rápidamente su lenguaje de negocios ?**

*Económico y Comercial*
*Obra que le permitirá conocer rápidamente el lenguaje de los negocios, preparar un examen o efectuar operaciones comerciales con empresas extranjeras.*

## Inglés para Todos
### Los mejores métodos de autoaprendizaje o de consulta del inglés cotidiano y de negocios